「保険でお金を増やす」はリスクがいっぱい

ファイナンシャルプランナー
CFP®認定者
岩城みずほ

日本経済新聞出版社

はじめに

「お金を増やしたい。でも株式投資はなんだか怖い。でも保険ならリスクが少なそう」

もしあなたがそう思っているのならちょっと待ってください。「保険なら安全」というイメージ、本当でしょうか。また、

「預貯金でお金を貯めることを卒業したいけれど投資は怖いという人におススメなのが外貨建て貯蓄性保険です」

というのは、20代〜40代の働く女性が読者層のある雑誌での特集です。有名なファイナンシャルプランナー（FP）が、「外貨建て貯蓄性保険なら（死亡）リスクに備えながらお金が貯められますよ」とアドバイスしています。本気でしょうか。

「『人生100年時代』を安心して生きるために、公的年金の不足分を外貨建て個人年金保険で補いましょう！」

というセールストークもあちこちで聞きます。

近年の低金利環境下で、円建ての保険に代わって、積み立てる利率を高く設定した外貨建ての貯蓄性保険が多く売り出されています。

個人年金保険等の貯蓄性保険は、長期の利回り保証がある一方で、今後世の中の金利が上昇しても、加入時の低金利を長期で固定してしまいます。さらに、外貨建ての貯蓄性保険は、保険料の払い込みや保険金、年金等の受け取りを外貨で行うため、為替レートの変動によっては元本割れすることもあります。決して安全性の高い（元本割れしない）商品ではありません。また、長期の契約が前提となっている保険は、受け取り時の保険金額について、時間による貨幣価値の低下を考える必要もあります。今の100万円と30年後の100万円の価値は同じではありません。

金融商品を買うときは、「セールスに勧められてなんとなく良さそうに思えたから契約した」ではなく、商品性をよく理解して目的に合った商品を選択することが基本です。

しかし、生命保険のパンフレットや設計書は言葉が難しかったり、リスクやコストについて丁寧に説明されていなかったりしますし、保険契約の内容が書かれている約款《やっかん》を受け取るのも契約後という、顧客本位とは言えない点も多くあるように思います。

また、セールス側も正しく商品性を理解しているわけではないと感じることも多々あります。例えば、市場金利に応じた運用資産の価格変動が解約返戻《へんれい》金額に反映されるなど市場リスクを有する商品が多く売り出されていますが、これについて明確な説明ができる人はほとんどいません。よくわかっていない人が、さらにわかっていない人に売っている状況のように見えます。これでは、消費者が正しく商品性を理解してから契約するというのは難しいでしょう。

私たちにとっては、経済的合理性のある選択が、結果的に自分の資産を守り増やすことになりますので、商品選択には慎重になるべきです。生命保険会社や販売を担う金融機関や代理店にとっても、契約者に商品性を正確に伝え、正しく理解してもらうことが、中途解約や、国民生活センターに寄せられる苦情をなくすことにつながると思います。

ぜひ、みなさんに貯蓄性保険を正しく理解していただきたいと思い、本著を書きました。また、生命保険のここがわかりにくい、表示はこうして欲しいということ、さらにもっと厳しく、これはおかしいのではないかということについても言及させていただきました。消費者としてはっきりと声を上げていくことが商品性をよくしていくことにつながると考えているからです。生命保険会社、販売をしている方々、代理店の方々にもぜひ読んでいただきたいと思います。

私は、不定期ですが、消費者目線に立って生命保険商品の問題点などを考える勉強会を開催しています。そのなかで、急速に販売件数を増している外貨建ての貯蓄性保険についてまとめたのが本著です。本著を執筆するにあたっては、アクチュアリーであり、慶応義塾大学理工学部数理科学科特任教授の山内恒人氏、個人の資産運用に詳しい日本経済新聞社編集委員の田村正之氏にご協力をお願いしました。また、オフィス・バトン「保険相談室」代表で保険の著書も多く出されている後田亨氏と世界経済・市場アナリストでブーケ・ド・フルーレット代表の馬渕治好氏にコメントをいただいております。

また、本著では、特別な知識を持たなくても、個人型確定拠出年金（ｉＤｅＣｏ＝イデコ）や少額投資非課税制度（ＮＩＳＡ）、「つみたてＮＩＳＡ」などを上手に使って安定的な資産形成をしていく方法もご紹介しています。多くの方が、正しい資産形成を行い、少しでも豊かな老後を送れるようご参考にしていただければ嬉しい限りです。

２０１９年４月

岩城　みずほ

目次

第4章　外貨建て保険の問題点

第1章

貯蓄性保険はなぜ魅力的に思えるのか

1 金融機関が力を入れて売る外貨建て貯蓄性保険

「老後資金が2500万円不足している。15年で倍にしましょうと1250万円の一時払い米ドル建て変額保険を勧められました」

「学資保険と米ドル建て終身保険の二本立てで子供の教育費を作るプランを提案されました」

これらは、私のところに来られたご相談の一例です。貯蓄性保険に関する相談は多く、貯蓄性保険が売れているという印象は、ここ3～4年ずっと持っていました。

貯蓄性保険というのは、保障に加え、貯蓄機能もあると謳われている商品です。いわゆる「掛け捨て」の保険ではなく、お金が貯まる保険です。米ドルや豪ドルで運用する外貨建て保険、円で運用する保険共に、終身保険や養老保険、個人年金保険、変額保険、学資保険などがあります。

家計相談を通して感じることは、契約者の多くが、これらの保険を、保障よりも貯蓄目的で保有しているということです。「お金を貯める＝保険で」という発想の人も少なくはありません。

資産形成を目的とするならば、保険よりもっとよい「お金の置き場所」があります。ファイナンシャルプランナー（ＦＰ）などの間で「最強の老後資産形成手段」と言われている個人型確定拠出年金制度（ｉＤｅＣｏ＝イデコ）という公的制度や、運用益が全額非課税になる公的な制度の少額投資非課税制度（ＮＩＳＡ）や「つみたてＮＩＳＡ」です。しかし、その存在を知らない人、名前は聞いたことはあるけどよくわからないという人がまだまだ多いなか、生活者にとって保険は身近な存在のようです。

生命保険協会によると、「終身保険（定期付き終身保険・利率変動型も含む）」「養老保険」「変額保険」「こども保険」の４種類の貯蓄機能のある保有契約件数は、２０１５年（平成27年）は７３８０万件、２０１６年は７６４８万件、２０１７年は７７２９万件と推移しています。

低金利の影響で、円建ての貯蓄性保険の保険料が引き上げられたことや販売中止になったものもあり、新規の契約数は減っていますが、解約などが減少しているため保有件数は増えているようです（生命保険の動向２０１８年度版個人保険の種類別保有契約件数の推移より）。

一方、個人型確定拠出年金制度（イデコ）は、掛け金の全額が所得税や住民税の対象から除外され、老後資金を貯めながら現役時代に税金が返ってくるというとても優れた仕組みですが、この加入者は約115・1万人（2019〈平成31〉年1月）です。

また、2014年から始まった少額投資非課税制度（NISA）、2018年から始まった「つみたてNISA」の2つを合わせた口座数は、1246万6912口座（平成30年12月末の速報値）です。

貯蓄性保険の保有契約件数7729万件と比べるとまだまだ少数です。

実は、イデコとNISAは、税制優遇の大きさでもコストの低さでも、資産形成手段として民間生保の貯蓄性商品よりもはるかに優れています。それにもかかわらず、生保の貯蓄性商品が比較にならないほどものすごく多く売られていたのです。

そして私のところに寄せられるご相談は、円建ての保険から外貨建て保険へ移っていき、今は9割が外貨建て保険についてです。

この貯蓄性保険の販売が円建てから外貨建てへシフトした背景についてまずご説明しますが、専門的な言葉も出てきますので、飛ばしていただいても大丈夫です。ここで言いたいのは、国債の金利が下がったことで円建ての保険の魅力が薄れ、その代わりに外貨建ての保険が売れられるようになったということです。

皆さんも、長期金利の推移は覚えていらっしゃると思いますが、黒田東彦日銀総裁のもと、日銀が長期国債を大量に買い入れた、いわゆる「異次元緩和」で、長期金利は極めて低い水準となりました。長期金利とは、通常10年国債の市場での流通利回りをさします。

そして、さらに、２０１６年１月に導入されたマイナス金利政策の影響で、長期金利はマイナスゾーンで推移するようになりました。

この影響で、２０１７年４月、標準利率がそれまでの１％から０・25％に引き下げられました。標準利率というのは、保険会社が将来の保険金支払いのために積み立てる「責任準備金」を積み立てる利率のことです。１９９６年の保険業法(※)改正によって導入された標準責任準備金制度によるものです。

※保険業法：国は、生命保険事業が健全に運営されることにより、契約者等を保護するために保険業法を定めている。生命保険事業は免許制で、金融庁が監督、規制している。

責任準備金というのは、将来、保険契約者に保険金を確実に支払うために、保険会社が保険料の中から積み立てるお金のことです。

また、この標準利率とは別に、保険商品の保険料や解約返戻金《へんれい》の額を計算する時の利率で、予定利率というものがあります。予定利率は標準利率から強い影響を受け、そして、標準利率は国債の金利から強い影響を受けるという関係にあります。

標準利率が引き下げられたことで、生命保険会社は予定利率を引き下げました。予定利率を引き下げると、以降、貯蓄性がある商品については、新規契約の保険料が引き上げられやすくなります。生命保険会社各社で、保険料を単純に値上げすることを抑制する取り組みも行われましたが、円建て商品の販売中止や値上げされるものもありました。なぜ標準利率が引き下げられたら、円建て商品が販売中止されたり保険料が値上げされたりするのかは3章でご説明します。今の段階では、金利の影響で、結果的に円建て保険が売れなくなったのだと理解してください。

そして、円建ての貯蓄性保険に代わって、熱心に売られるようになったのが外貨建ての貯蓄性保険です。

ちなみに、大和総研の調べでは、個人の保有する外貨建て資産は、2017年末で約51兆円と、近年で最も少なかった2008年末の36兆円から4割強も増えたということです。もちろんこれは、保険だけではなく、投資信託などの資産残高の増加の影響も大きいでしょうが、個人資金の一部は利回り確保型へ、外貨建て生命保険にも向かっているといいます。

2　顧客ニーズと販売された商品のミスマッチ

でも、なぜ外貨建て貯蓄性保険は売れるのでしょうか。契約者がその魅力をどう受け止め、どのような期待をしているのかが気になるところです。

それらを考える前に、生命保険の加入実態と、どのような経路で販売されているのかをみてみましょう。というのも、私は日頃、相談業務をするなかで、「生命保険は言葉が難しい」「商品性が複雑」など「よくわからない」という意識を持っている人が多いにもかかわらずよく売れているという印象があるからです。皆さん、「保険だから加入して当たり前」「保険にお金を支払うのは当然」と思っているのではないかと感じています。

２０１７（平成29）年度末の個人保険の保有契約高は、８５２兆９６２７億円（前年度比98・８％）です。ちなみに２０１６年度まではずっと増加傾向で、２０１６年度は、８６２兆９０５２億円（前年度比１００・５％）でした。２０１７年度は、円建ての貯蓄性商品を中心とした販売量の低下等に伴う新規契約高の減少により低下したということです。

また、２０１７年度末の個人保険の保有契約件数は１億７３０２万件（前年度比１０３・２％）で、10年連続で増加しているそうです。保有契約の年換算保険料（契約期間中に平均して保険料が支払われると仮定した場合の1年間の保険料収入）は、2017年度末は27・8兆円（うち第三分野は6・5兆円）で、集計を開始した2006年度以降ずっと増加傾向です（2018年版　生命保険の動向より）。

生命保険は、非常に高額であるにもかかわらず、家電や自動車などの値の張る耐久消費財を購入する場合と比べ、特殊な経路で購入されています。

多くの人は、日頃、保険について考えることもなく、わざわざ保険を買いに行くということも少ないでしょう。近年は、テレビコマーシャルの影響からか保険代理店に相談に行ったり、ネット生保だと安く必要な保障を持つことができると理解した人が自発的に保険契約をしたりするケースも増えてはきましたが、まだまだ少数派です。では、どのようにして加入するのでしょう。

何かの用事で郵便局や銀行に行った時、「ところで保険にはお入りですか？」と窓口で声をかけられたとか、友人や親戚経由で紹介された営業職員から勧誘されたというケースが多いのではないでしょうか。実際、生命保険文化センターの2018（平成30）年度「生活保障に関する調査」によると、加入チャネルの1位は、「生命保険会社の営業職員から」で約5割の53・7％を占めています。次いで「保険代理店の窓口や営業職員から」が17・8％、「通信販売」が6・5％、「銀行窓販や銀行員から」が5・4％、「郵便局の窓口や郵便局員から」が

4・2％となっています。

私は、金融商品の販売をしていないので、相談業務は有料で行っていますが、この加入経路に関係があるのかないのか、冒頭で述べた通り、保険についての相談はとても多いのです。例えば円高に振れると、外貨建て保険の相談が急増します。ある65歳の男性は、「退職一時金で外貨建て個人年金保険を買ったが、加入時より円高になり大きな含み損が出てしまい、不安で不安で仕方がない」と言うのです。この人は、大切な老後資産となる退職一時金全額を費やして買ってしまっていました。定額の個人年金保険は、超長期の利回り保証がありますが、外貨建ては、為替次第で元本割れする可能性があります。資産の一部で保有するならまだしも、外貨建て保険を持ちすぎたことで、気が休まらなくなってしまったようです。

また、「貯蓄性保険の毎月の保険料が高すぎて貯蓄ができない」という相談もあります。「急にお金が必要になったけれど、今解約すると損します。どうしたらいいでしょうか」というのもよくあります。保険料は家計支出の中で大きな固定費となることが多く、貯蓄ができない原因は保険の持ちすぎというのも珍しくありません。

しかし、みなさん、セールスを受けた際、ちゃんと説明を受け、納得して契約をしたはずなのになぜでしょうか。もしかしたら、説明はされたけれど、難しくて、内容はイマイチよくわからない。でも、「保険だから安心」という潜在的な意識が加入のハードルを下げているのかもしれません。

「本当に必要なものだから契約するのだ」という認識は薄く、なんとなくよさそうに聞こえるから契約した、でも、時間が経って問題が生じてしまった、ということでしょうか。これが私の持っている感触です。

本来ならば、生命保険商品を契約する際には、商品の特性やリスクを十分に理解することが必要です。例えば、定額の外貨建て個人年金保険（元本が保証された商品）で、保証されている受取年金額はあくまで外貨ベースであるとか、短期間で中途解約すれば元本割れをする、つまり、お金が必要になっても途中で引き出せない、流動性（自由に出し入れできること）が制約されるなどです。

保険商品が、自分のニーズに合っているのかどうかを顧客自身が理解していないこと、販売側も顧客のニーズを理解しないで売っていること、つまり、顧客のニーズと販売された商品のミスマッチが起こっているのではないかと思うのです。一体、何がセールスの現場で起こっているのでしょうか。情報提供のご協力に快諾くださった3つのケースで、具体的にみていきます。

3 何がセールスの現場で起こっているのか？

①銀行の窓口で「一時払い米ドル建て個人年金保険」に加入した女性のケース

Aさん（女性・52歳・会社員）は、親の遺産が振り込まれた銀行の窓口で、一時払いの米ドル建て個人年金保険を勧められました。

「このまま金利のほとんど付かない円建ての定期預金に入れておくより、高金利の外貨建て保険で運用したほうがよいですよ」

Aさんはこれまで外貨建ての資産を持ったことがなく、もし元本が減るようなことになれば嫌だと思ったそうです。しかし、窓口の男性行員は、「元本確保型の商品だ」と強調し、さらに、「女性はとても長生きしますよね。日本は食料など輸入に頼っているため、輸入品が値上げされると、物価が上昇します。つまりはお金の価値が下がるということです。今後、物価が上がることで、同じ値段で買えるモノの量が少なくなったり、同じ値段では買えなくなったりすることがありますよ。円だけしか持っていないのはリスクです。資産を守ることが大事です。海外の高い金利を味方につければ、お金を効率的に増やすことができますよ」と説明したそうです。

独身のAさんは死亡保障の必要性を感じていなかったので、保障機能のある保険よりも、当時スタートしたNISAで運用したほうがよいのではないかと思ったそうです。そう伝えると、男性行員に、「NISAは年間100万円（現在は120万円）までしか運用できないから」と、保険金額1700万円の米ドル建ての個人年金保険を勧められました。Aさんは、悩みましたが契約しました。

実は、この銀行は、Aさんの亡くなったお父様が経営する会社のメインバンクでした。Aさん自身も父親の会社に勤めていますし、自身の口座もこの銀行にあります。もちろん当該銀行にはお世話になっているし、信頼もしていましたが、貯蓄（遺産）の存在を把握されているので、提示された保険金額1700万円（遺産の7割に当たる）が金額的に難しいとは言えず、立場的にも断れなかったと言います。

販売手数料などの初期費用は一時払い保険料の7%、保険契約関係費用は資産残高の年率1・85%、資産運用関係費用は純資産総額に対して0・2%、年金管理費用は、年金の受取額に対して1・4%、もちろん通貨を交換する際にかかる費用も往復50銭ずつかかります。とてもコストの高い商品です。

数年経ち、Aさんが改めて考え直してみると、必要のない保障に高い保険料を支払い、運用成果を下げてしまっているのではないかと疑問を持ち始めました。運用成果について、「年金原資と基本保険金額のいずれか大きいほうの１２０％」という保証はありますが、為替レートの変動によって、受け取り時に円に換算したあと受け取る年金総額が、払い込んだ保険料を下回ることもあります。

ここが危ない①

コストが高いとこんなに損

詳しくは96ページ

Ａさんが、加入に際し、デメリットを含めた商品理解が十分できていなかったことも問題ですが、普段から付き合いのある銀行は預金残高などの資産を把握しているため、保険を買うお金がないなどのごまかしがきかなかった。また、生活者にとって銀行は信頼性が高いというブランド力があること、さらに中小企業の経営者にとっては逆らいにくい立場であるなど、様々な点において不利が生じました。

慶應義塾大学理工学部の特任教授で日本アクチュアリー会（保険数理の専門家の集団）の正会員である山内恒人氏は、「ともかく、文書をよく読み、勧められているものは本当に自分で求めているものと一致しているのかどうか、加入して直ぐに解約するといくら戻るのかなど、募集担当者から『もう加入しなくて結構』と嫌われるほどに質問をすることが大事だ」

と述べています。保険に加入する際に注意すべき点です。

結局、Aさんは、この保険を損を覚悟で解約しました。解約返戻金は、支払った保険料を大きく下回りましたが、これ以上、余計なコストを払いたくないとのことでした。

保険を熱心に勧める窓口のテラーは、もちろん、顧客を騙そうとしているわけではないでしょう。しかし、仮に彼らが保険商品に疑問を持っていたとしても、販売ノルマや支店の業績に貢献するために売らなければならないという側面があることは否めないのではないでしょうか。

Aさんが検討したいと思ったNISA口座についての案内をして、低コストの投資信託との比較をすることが、この銀行の顧客本位の業務運営であったはずです。Aさんのニーズや知識、経験などを十分に理解したうえで、目的に合った金融商品を推奨、販売していれば、中途で解約につながることも避けられたのではないかと思います。

② 大手乗り合い代理店で一時払いの外貨建て終身保険を買った女性のケース

Bさん（女性・43歳・自営業）は、離婚をしてシングルマザーになったことで、もしも自分に何かあったらと生命保険の必要性を感じ、大手乗合代理店に保険相談に行きました。そこで勧められたのは、「一時払いの豪ドル建て終身保険」でした。

Bさんは、店長であるFPの資格を持った女性に、「お子さんが大学に進学する頃に解約したとしても、お子さんの大学資金として十分な金額を見込めますし、もし、ご自分に万が一のことがあった場合の死亡保険金は、予定利率が高いので、円建てよりも大きな保障を持つことができますよ。また、教育費で使わなければ、そのまま老後資金として運用を続ければよいのです」と、一時払いの豪ドル建て終身保険を勧められました。一時払い保険料は円払いで500万円です。「予定利率が高い」というのは、運用でたくさん増やせるので支払い保険料が少なくて済む、同じ保険料でより大きな保険金額がもてるということです。これについては3章でくわしく説明します。

女性FPは、さらに続けます。

「オーストラリアは天然資源に恵まれた国ですから、食料自給率も高く、内需も強い。豪ドルは強いですよ」

「人口減、経済成長率減、政府債務残高の多い日本より、もっと健全なアメリカやオーストラリアに目を向けてみませんか。日本の国力が低下すれば円は弱くなります。円安になるリスクを回避するためにも豪ドルを持ちましょう」

等々……。

Bさんはこれまで外貨建ての資産など考えたことはありませんでしたが、今の低い円金利ではお金は増えない、もう少し効率的にお金を増やしたいと思っていたこともあり、この商品を魅力的に感じたそうです。

ただ、預金は550万円しかありません。一時払い保険料として500万円も支払うと、預金残高は50万円になってしまいます。不安を覚え、そう伝えると、女性FPは、「もしもお金が必要になった時は契約者貸付で借り入れすればよいのです」と、解約しないでお金が借りられる制度があることを教えてくれました。それならばと、定期預金金利と比べて利率が格段によい一時払いの豪ドル建て終身保険の購入を決めたそうです。

Bさんが加入した時の為替レートは、1豪ドル＝86円、積立利率は3・34％です。作成してもらった保険設計書には、20年後の豪ドル建てでの解約返戻金は約1・5倍になると記されています。加入時の為替レートで換算した金額で約775万円です。

ここが危ない②

外貨建て保険の怖いところはコストだけでなく将来の為替がわからないこと

詳しくは101ページ

しかししばらくして、困ったことになりました。Bさんは、どうしてもまとまったお金が必要になったのです。FPから教えられたとおり契約者貸付でお金を借り入れることになりました。加入からわずか半年の間に2回、合計200万円も借り入れをすることになりました。借り入れ利息は年率4・34％。市中金利よりもはるかに高い金利を支払ってお金を借りなくてはならなかったのです。

契約者からの保険料は、将来の保険金支払い等のために契約者全体の共同の準備財産として、生命保険会社が管理運用します。契約者貸付は、解約返戻金の一定範囲で借り入れることができる制度ですが、あくまで借り入れなので、利息が必要なのです。

この女性ＦＰは、Ｂさんの資産や生活の状況、ニーズを理解した顧客本位ではなく、売りたいものを売ったように思えます。お金が必要になったら借り入れをすれば良いと示唆する、途中で解約することを勧めるなど、無責任極まりないという印象です。このような募集をする人は特殊なのだと信じていますが、ひとりでもいることは残念な限りです。また、Ｂさん自身も、利率の高さだけにメリットを見出して、デメリットを考えなかったことがよくなかったと反省しています。

実は最近、シニアだけではなく、30代、40代の人にも一時払いの外貨建て貯蓄性保険が熱心に販売されています。一時払い保険は、まとまったお金のあるシニア層が販売ターゲットだとばかり思っていたのですが、そうではなくなっているようです。

某保険会社の一時払い外貨建て終身保険の販売シェアを見ると、銀行の窓口（窓販）の顧客層は約8割が60～80代ですが、大手乗合代理店では大半を資産形成世代である30～40代が占め、50代を含めると75％にのぼるというのです。乗り合い代理店、いわゆる保険ショップの来店者の多くは現役世代でしょうから、来店客に売っているということなのでしょうが、本当にそのニーズに合っているのでしょうか。

現役世代は、今後のライフイベント、例えば子供の進学や家の購入などで大きなお金が必要になる場合が多いことを考えると、高齢者よりもより流動性が求められます。貯蓄目的ならば、一時払い外貨建て終身保険よりもふさわしいお金の置き場所があるでしょう。

また、外貨建ては、円建てより高い利回りを期待できますが、契約時の利率が固定されるため、資産形成のメリットが低下します。

お金の置き場所（保険もひとつのお金の置き場所です）を間違えると、お金を効率的に増やしていけないどころか、Bさんのように、無駄に減らしてしまうことにもなりかねません。

③外資系生命保険の営業職員から平準払いの米ドル建て養老保険を買ったケース

Cさん（男性・30歳・会社員）は、子供が生まれたのを機に、外資系生命保険会社に就職した大学時代の先輩に、平準型（毎月保険料を支払っていくタイプ）の米ドル建て養老保険と円建ての学資保険の両方で教育費を積み立てていくことを勧められました。

「円建ての学資保険は返戻率が低いから、高金利のドル建て養老保険を利用して、効率的にお金を増やすべきだ」と言われたのです。返戻率というのは、支払った保険料に対して、受け取れる保険金額の割合です。100万円保険料を支払って満期保険金を120万円受け取れば返戻率は120%ということです。

Cさんには、確かに、円建てに比べて外貨建ての返戻率のほうが高く、魅力的に思えました。さらに、「もし、満期時に加入時よりも円高だったら、満期保険金は米ドルで受け取り、入学金と授業料は円建ての学資保険の満期保険金で賄えばよい。留学する時は米ドル建て養老保険の満期金をそのままドルで使えばいい」とアドバイスを受けたそうです。Cさんは、息子を将来は留学させたいという思いもあり、先輩のアドバイスをありがたく受け入れることにしました。

また、先輩は、

「外貨建て資産でお金を増やしておけば、今後、円高になっても、そのまま円で持っていた場合より、円に換算した時の目減りを軽減できる。また、為替の効果で、円安の時はさらに資産の増加を期待できる。しかしもっとも留意すべきは、日本は今後人口が減るが、アメリカはまだまだ人口は増えること。人口が増える国は経済が成長する。海外に目を向けるべきだ。資産の預け先は、その国の信用力を反映した国債格付けにも目を向けて選ぶ必要がある」

と強調したそうです。

ここが危ない③

貯蓄にお金を回せない？

Cさんは、子供が大学に入る18年後に満期金が支払われるように保険期間を設定しました。保険料は、2018年7月下旬のレート1ドル＝111円で換算すると、米ドル建て養老保険と円建ての学資保険の両方で月額約2万2000円ほどです。この2つの保険以外にも、死亡保険や医療保険を契約し、毎月の保険料支払いは4万円にも上ります。

先輩の話に納得して契約したものの、日が経つにつれ、Cさんにはこの保険料が負担になってきます。実は、夫婦ともに毎月2万円ずつの奨学金の返還があり、余裕がありません。預貯金残高80万円が一向に増えない状況が続いています。運用目的で加入した保険でしたが、もし途中でお金が必要になっても自由に使うことができないことも気がかりです。

そう思うと、預貯金を増やしていきたいのに貯蓄にお金を回すことができない状況が、なんとも不合理に思えてきました。こんなことなら、最近よく耳にする「つみたてＮＩＳＡ」を使っていれば、もっと効率的に自由度を持って、お金を貯められたのではないか。また、死亡保障もネット生保で掛け捨ての死亡保険に入れば、もっと割安に保障を持てると知り、変えようかと考えています。

Cさんの支払い保険料は、為替レートの変動にもよりますが、年間約48万円に上り、かなり高額です。しかし、この金額が突出しているかといえばそうでもありません。生命保険文化センターが実施した「平成30（2018）年度　生命保険に関する全国実態調査」（世帯調査）によると、1世帯あたり（世帯員2人以上の一般世帯）の年間払込保険料（個人年金保険の保険料を含む）は、2018年は、平均で38万2000円（前回調査2015年は38万5000円）です。世帯年間払込保険料を世帯主の年齢別でみるとCさんと同世代30代は32・6万円、40代は36・8万円、50代は42・8万円と年齢が上がるにつれて増加しています。総務省の家計調査（平成29年）によると、2人以上の勤労世帯の平均の手取り収入（可処分所得）は約521万円ですので年間保険料を38万2000円とすると、約7・3％が保険料の支払いに充てられていることになります。

老後に不安なく暮らしていくには、「現役時代にいくら貯めれば良いか」は大きな関心事です。多くの人は、公的年金と現役時代に貯めたお金を取り崩して老後の生活費とします。家計相談をするなかで見ると、資産を95歳までもたせようと思うと、現役時代の手取り年収の平均2割前後を貯めていかなければならない人が多いようです。民間の保険に手取りの1

割弱を支払ってしまうと、必要貯蓄率が達成できない可能性は高まります。

4 罪悪感のない売り手、聞きたいことしか聞かない消費者

以上、販売経路の違う3つのケースを見てきました。

「セールスをしている方々は、自分が（または会社が）売りたい商品を売っているのであって、客の真のニーズを理解しているわけではないのではないか」と感じるのは私だけでしょうか。しかしまた、そこには悪意よりもむしろ、本気でそう思っているのだろうという販売（職務）に対する生真面目な熱意も感じます。

これら3つのケースはともに、「円より高金利だからトクだ」ということが保険契約の大きなきっかけになっています。でも、必ずしもそうではないことは、「ここが危ない」の該当ページをお読みいただければご理解いただけると思います。また、資産の通貨分散の必要性が強調されています。でも、あえてそれを貯蓄性保険でする必要があるのでしょうか。さらにもうひとつ、貯蓄性保険をセールする時の常套句にもなっている「公的年金を補完するために保険商品を持つ」というのは本当に合理的なのでしょうか。

一方、契約者も、商品のデメリットまで理解して買っているわけではない、つまり、本当に

自分のニーズに合った商品であると納得して買っているわけではないという問題があります。

「一般に、商品に関する多面的な説明より、予見を肯定してくれる情報など、自分が欲している情報をピンポイントで提供してくれる営業担当者を好むお客様が多いと思います」と、大手生命保険会社と乗合代理店で15年の営業経験のあるオフィスバトン「保険相談室」代表の後田亨さんは、自らの営業時代を振り返って言います。

「例えば、低金利でも、知る人ぞ知る有利な貯蓄商品があるのではないかと思っている人には、為替リスクより、外貨の高金利が強くインプットされるというわけです」（後田氏）

確かに、私のところに保険相談に来られる方はほぼ１００％、商品の内容について正確に理解してはいません。例えば、ある定額の一時払い外貨建て保険で示されている「積立利率」は、支払った保険料から販売手数料など初期費用を控除した後の積立金などに対して適用される保証運用利回りですが、パンフレットなどの販売用の資料にそのことが明確に説明されていないことが多いため、これを実質的な利回り（支払保険料に対する運用利回りのこと）と勘違いしています。これも、お客さんの願望が反映しているということなのかもしれません。まるで、ダメ男に惚れる女子みたいです。恋は盲目状態。

実際は、積立利率より実質的な利回りのほうが低いケースが多いのです。商品によってそれらの定義は異なっていますので、ぜひ、顧客にわかりやすく明記していただきたいと思います。

また、先日の相談でも、「15年後の返戻率として書かれている155%という数字は、契約時と為替レートが変わらないと仮定した場合のことなのですよ」と説明をすると、「えっ？必ず155%が返ってくるわけではないのですか？」と驚かれていました。そして、「大手銀行の人が勧めてくれたから間違いはないと思っていました」とうなだれていました。

「生命保険会社に就職した大学の先輩からの勧めだったから信用していたのに」「生保に務める親戚から勧められたんです」というのもよく聞くところです。

契約者のそんな姿を見ていると、つくづく保険商品とは特殊なものだと思います。商品がよくわかっていなくても、他と比較検討しなくても、疑うことなく、高額なのに買ってしまう。先に述べたように、「保険」という名前がついているだけで、「コストを度外視しても、安心料だと思って入るべきもの」という潜在的な認識があるのではないかという仮説が大きくは外れていないことに思いが至るのです。

また、メディアの保険特集や関連記事も要注意です。広告収入頼み、業界関係者が買うので販売部数が伸びるなど、大人の事情が絡んでいるケースも少なくありません。10年超にわたって取材を受けられてきた後田さんは、「『そもそも、安全確実にお金が増やせる話があるのでしょうか？　現状、保険商品の中ではイチオシはありません』といったコメントは掲載を見送られることが多い。メディア関係者にも、読者が読みたいのは、お勧め商品が提示された記事なのだ、といった予見があるのではないでしょうか」と言っています。

知っておきたい関連用語

■定額保険：受け取る保険金が定額の保険。
■変額保険：運用実績によって受け取る保険金額が変わる。
■保険契約者：保険会社と保険契約を結び、保険料を支払う義務のある人。保険契約上の各種権利（解約権など）を持つ人。
■被保険者：その人の生死、病気、怪我などが生命保険の対象となっている人のこと。生命保険契約では、被保険者は保険契約の目的となる人なので変更することはできない。
■保険受取人：保険金や給付金、年金などを受け取ることができる人。保険契約者によって指定される。
■保険者：一般的には保険会社のこと。
■保険証券：保険契約の内容を記載したもの。証券というが、有価証券ではない。単に保険内容が記されているだけのもの。
■保険金：被保険者が死亡、高度障害になった時、あるいは、満期まで生存した時に保険会社から支払われるお金。

■保険期間：契約により保証が続く期間。この期間内に保険事故が発生した場合にのみ、保険会社から保険金や給付金が受け取れる。保険料払込期間と同じものと違うものがある。

■契約応当日：保険期間の起算日であり、年あるいは月単位での契約日に対応する日のこと。保険料の払い込みや満期日の基準になる日。

■契約初期費用：保険契約締結時にかかる手数料や費用。契約時に一時保険料から控除される。かからない商品もある。

■運用関係費用：貯蓄性商品にあって運用期間中において差し引かれる運用関係の手数料のこと。毎日積立金から控除される。

■保険関係費用：保険会社、商品によって様々だが、次のような費用がある。例えば、契約締結・維持にかかる費用の他、基本保険金額保証のための費用、危険保険料、保険料を円で払い込むための円換算払込特約保険料など。

■年金管理費用：年金支払い管理に必要な費用。受取年金額に対して、受取期間中、継続的に支払い年金額の何%として控除される。

■為替手数料：契約時、受取時はもちろん、途中、為替リスクを回避するために目標値を設定し、到達したら円建ての終身保険に移行するものなどもあり、随所で、為替手数料がかかる。また、平準払いの場合は、毎月の保険料を支払う度にかかる。為替レートに上乗せされている手数料は、2章で述べるように、会社によって違いがある。

第2章 貯蓄性保険は本当に魅力的なのか

1 高くみえる返戻率の正体は？

「少しでも老後資金を増やすのに利回りの良い保険はないですか」

男性会社員（56歳）が、ある大手ファイナンシャルプランナー（ＦＰ）会社に相談に行った時のことです。この会社は、ＦＰによる無料の保険相談サービスを提供しています。担当してくれた40代半ばくらいの男性ＦＰは、

「２００６年6月以降に米国債の金利は５％以上も下がり、トランプ大統領就任で底を打ちました。そこから利上げで上がり続け、昨年（２０１７年）、30年国債で３％を超えてきました。すごいですね。超低金利の円でお金は増えませんが、ドルはすごいですよ。ドル建ての終身保険に入れば、お金はどんどん増えますよ」

そう言って、米ドル建ての一時払い終身保険のパンフレットを差し出しました。

パンフレットには、契約者45歳男性のケースで、一時払い保険料10万ドルの積立金額が右肩上がりでどんどん増え、15年後に13万ドル、30年後に17・5万ドル、90歳時点では22・3万ドルと記され、「米ドルでの積立金が着実に増加します」と書かれています。

「ほう、結構増えますね」

「ドルは日本円と比べて高金利ですからね」

こんなやりとりをして、男性は、設計書を作成してもらうことにしました。2018年7月中旬のことです。このケースを具体的に見ていきましょう。

この商品は、保険料をまとめて一時払いで払い込みます。男性は、1000万円をこの保険で運用することにしました。1ドル＝113・26円（為替手数料込み）で計算され、一時払い保険料は8万8292・42ドルです。初期費用などの費用が引かれた残りのお金が保険原資として運用されますが、この保険は最初に販売手数料をとる商品ではなく、販売手数料が契約中に差し引かれる商品のため（期間は限定されているもの、契約期間中ずっとかかるものなど様々）、8万8292・42ドルで運用がスタートします。

男性FPは設計書を示し、次のように言いました。

「契約から15年後に解約すれば、解約返戻金は12万7127・26ドルです。1ドル＝112・

75円（為替手数料差引後）で円に換算すると、返戻率は143・3％になります」

解約返戻金というのは、保険の解約や失効の場合に保険契約者に返還されるお金のことで、返戻率は、「解約返戻金÷支払い保険料総額×100」で求められます。男性FPは、「15年後には、支払ったお金の1・433倍になる」と言うのです。

本当でしょうか。

実は、これには不確定要素があります。為替変動によって返戻率が変わることです。提示された143・3％というのは、あくまで、今後も為替が1ドル＝113・26円のまま変わらないと仮定した場合のことです。つまり、見せられている返戻率は、バーチャルな数字だということです。

通常、外貨建て保険の場合、円で支払った保険料が外貨に換算されて運用され、受取時はまた円に換算されて支払われます。もし仮に、受取時に10円円高になり、為替手数料（50銭）込みで1ドル＝102・76円となれば、円に換算した解約返戻金額は1306万3597円で、返戻率は130・6％に下がります。16年目に、契約時より円高になっているとすれば、運用益は吹き飛んでしまうこともあるわけです。

このケースにおける損益分岐点は1ドル＝78・67円ですが、1ドル＝80円だと返戻率は101・7％です。パンフレットでは大きく儲かる前提で書かれていますが、そうでない場合もあるわけで、1000万円を15年間も預けた運用成果が約17万円というのは寂しい限りです。

そして、この契約では当然ながら、1ドル＝78・67円より円高になれば、支払った円での保険料より下回ってしまいます。つまり、元本割れです。保険は「元本割れをしない」と思い込んでいる人も多いのですが、外貨建ての保険の場合、元本が保障されているのは、あくまで外貨ベースでの話なのです。ここ数年、為替は円安で推移してきました。しかし、実際に80円割れしたのは、ほんの数年前のことです。

このように外貨建て保険は、1章でもあげた「積立利率」が円建てより高いので「魅力的」に見えるのです。今後、円安になれば返戻率はアップし、仮に1ドル＝140円になれば返戻率は177・9％となりますので、「返戻率177・9％！」とパンフレットに強調して掲示されることでしょう。

しかし、これはあくまで一瞬を切り取った「架空の前提」に過ぎません。実際には、「為替次第では運用益も吹き飛んでしまう可能性が大きい」ということをまず知ってください。

図表2－1は、過去のドル円の為替レート推移です。

為替というのはこのように、これまでも2割や3割は普通に変動しています。為替レートだけを見ると、本書執筆時の2019年3月は1ドル＝111円ですが、2012年はそれより3割高い1ドル＝80円でした。仮に、2012年にこの商品を買っていれば円安になってラッ

図表2-1　過去のドル円為替レート推移

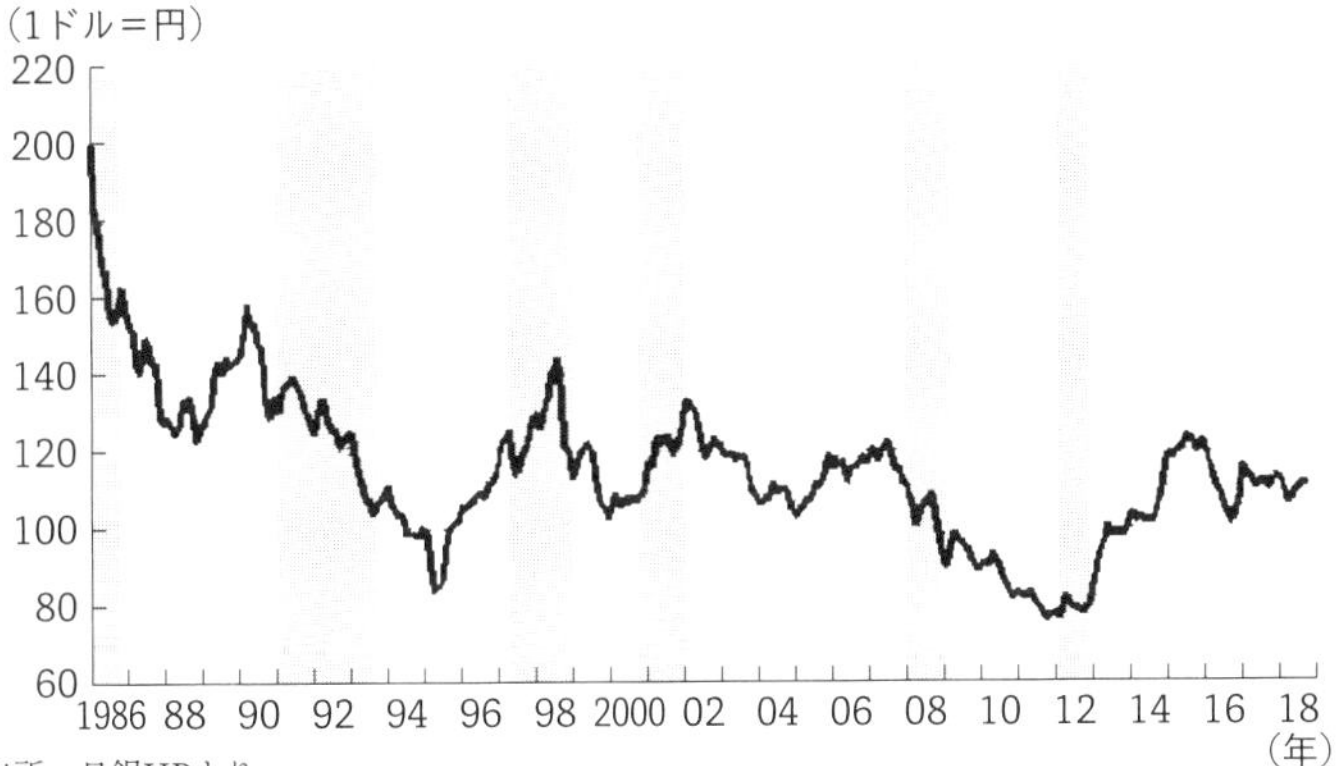

出所：日銀HPより

キーというところですが、もちろん、今後どうなるかはわかりません。

生命保険会社のなかには、「為替は国力を反映します。今後、人口が減少する日本は、当然GDPも下降します。国力とGDPは比例しているので、国力低下と共に為替の価値は下がります。これから円安になるのは必至です（だから外貨建て商品を持つべきです）」と言う人がいますが、「日本の国力低下＝円安」という理論は必ずしも正しくないというのが、為替に詳しい多くの専門家の意見です。

さらに、皆さんに考えていただきたいのは、今後、世の中の金利が上昇することになっても、定額保険の場合は、契約時の利率が一定期間固定されてしまうということです。

でも、「外貨建ての場合、ドルの金利が上がれば円安になるのだからトクするのでは」と思われますか。短期的には、人はより高い金利を求めるので、金利の高いドルを買うという動きが出て、為替は「円安ドル高」になります。しかし、「だから高金利通貨がトクとは言えない」のが為替の世界なのです（詳しくは5章でお話しします）。

2 時間価値——失われた時間の問題

また、理論的には、「外国為替の金利が上がり円安になれば、解約返戻金は増える」ことにはなるのですが、これがそう上手くは運ばない仕組みが外貨建て保険にはあるのです。

まずは、「世の中の金利が上がっても低い金利のままで長期間固定されてしまう」ということについて、考えてみましょう。

それは、たとえるならば、お金が箱の中に閉じ込められて、大きくなれずに時間だけがすぎる状態です。この「失われた時間」についていてみていきます。

35歳の女性のケースです。彼女は、毎月保険料を支払っていく（平準払い）タイプの外貨建ての終身保険を、保険の乗り合い代理店で勧められました。

「85歳まで持ち続ければ、解約返戻金額は約２７３万円にもなりますよ。返戻率は１３６％です」

保険料の支払い総額が約２００万円ですので、50年後に73万円（返戻率１３６％）もお金が増えるそうです。さて、皆さんは、これを「すごい！」と思いますか？

これまでお読みいただいたように、「為替次第ですから」と思いますよね。そして、「でも50年後でしょう？」と冷静になりますよね。

そう、すごいと思えるかどうかは「時間」というファクターを入れてはじめて判断できることです。

時間のファクターというのは、この例ですと、これから50年後のお金の価値を考える必要があるということです。例えば、時間の経過とともに物価が上がって、お金の価値は随分下がっているかもしれません。日本は過去20年もの間、物価が下がるデフレの状態でした。しかし、それが大きく変わろうとしています。日本経済新聞編集委員の田村正之氏は、

「生産年齢人口の減少で、サービス業を中心に、賃金を上げないと人を雇えなくなっている。賃金の上昇は物価の上昇要因なので、これから数十年のことを考える場合、ある程度の物価の上昇は見込んでおいたほうがいい」

と話します。また、借金がとても多い日本の財政を不安視されて円安になれば、輸入品が高くなって２％程度の比較的高いインフレが来る懸念も、長い時間のなかでは完全には拭いきれま

せん。

「例えば年1％のインフレが続いた場合の50年後の273万円は今の価値では165万円に、2％のインフレなら同101万円に下がる。今日の200万円のほうが、50年後の273万円よりも価値がある可能性はかなり大きい。将来のお金の価値は、不確実性が高い分、現在の価値より小さくなると考えるのはファイナンスの常識だ」（田村氏）

また、モノの値段が上がりお金の価値が下がるインフレーション以外にも、そもそもこの保険会社が破綻してしまうかもしれません。数十年も先のお金の価値がどうなっているのかを考えずに、単純に、「返戻率」を見るのはナンセンスだとは思いませんか？

加えて、定額の保険の場合、契約時に設定された「積立利率」がずっと続きます。今の低い水準での利率が固定されることになります。これは、資産形成をしていく商品としては、大きなデメリットです。

でも、「外貨建てなら円建てより利率は高いのではないですか」と反論を受けるかもしれませんが、外貨建ては「為替リスク」のある商品なのですということは、先に述べた通りです。

このようなデメリットは、消費者にはなかなか見えづらいのが実情です。その大きな要因のひとつは、先に述べたように、この類の保険の提案設計書を作ってもらうと、その日に設定されているレートで計算され、いかにも順調にお金が増える印象を与えられてしまうからです。

ぜひ、保険会社の皆さんには、この点を改善していただきたいと思います。

3　もうひとつの仕掛け

　ここまで、実質利回りとは乖離のある積立利率に惑わされないで、為替リスクや時間価値を考えることが必要だということをお話ししました。

　もうひとつ、私が相談を受けるなかで感じることがあります。それは、そもそも外貨建て保険に限らず、貯蓄性保険を得だと思う人は、途中のマイナスを見ていないということです。図表2－2「保険内容の推移」をご覧ください。これは、ドルですので、×110・54円で見てください。

　最初に支払った保険料は1000万円ですから、契約した途端に27万2480円のマイナスからのスタートです。契約した時にかかる手数料を差し引かれているのです。

　仮に、為替レートが1ドル＝110・54円（2018年6月末）のまま変わらないバーチャルな世界のお話としても、解約返戻金がもともと支払った元本1000万円を超えてくるのは丸5年経過後、6年目からです。為替が円高になれば元本復帰までにはもっと時間がかかります。逆に大きく円安になればもっと早く元本を超えるかもしれませんが、どうなるかは誰にも

図表2-2　保険内容の推移

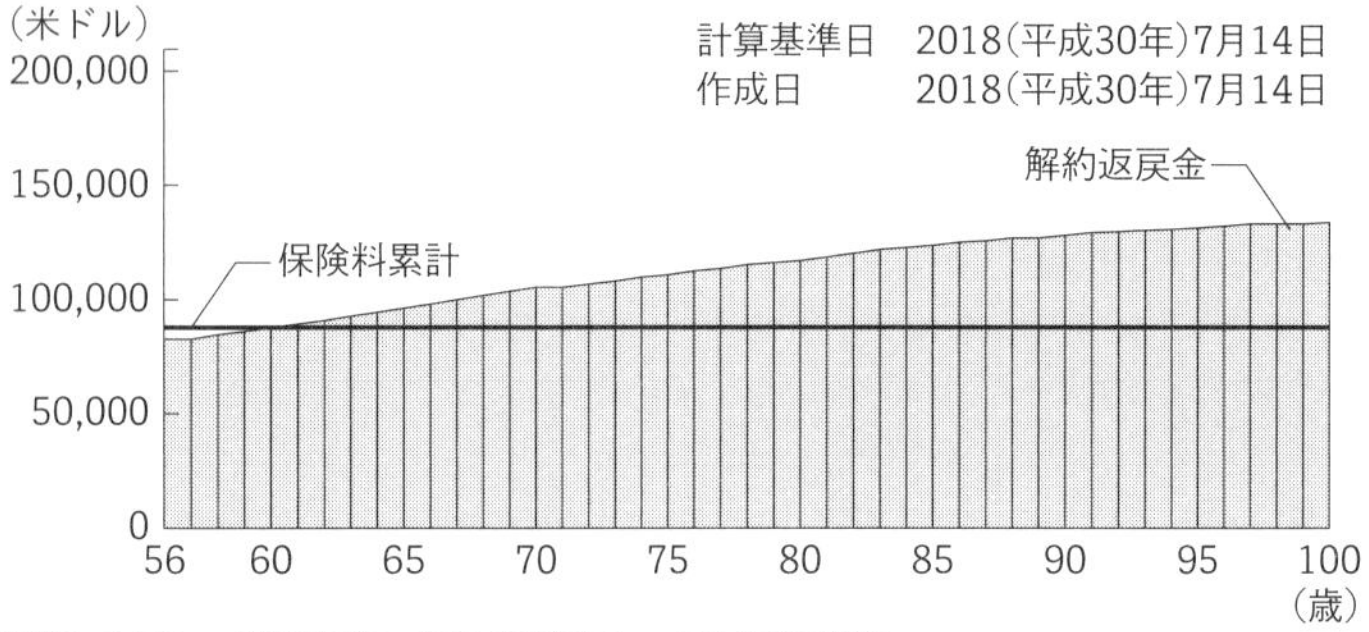

保険内容の推移表（外貨商品　定額保険）

単位＝米ドル

年齢	年度	A保険料累計	B解約返戻金	C死亡保険金
57	1	88,000.00	83,105.70	88,000.00
58	2	88,000.00	84,744.79	91,365.03
59	3	88,000.00	86,404.30	94,730.06
60	4	88,000.00	88,082.54	98,095.10
61	5	88,000.00	89,777.42	101,460.13
62	6	88,000.00	91,485.86	104,825.16
63	7	88,000.00	93,203.79	108,190.19
64	8	88,000.00	94,926.39	111,555.22
65	9	88,000.00	96,647.06	114,920.26
66	10	88,000.00	98,357.25	118,285.29
67	11	88,000.00	100,048.17	121,650.32
68	12	88,000.00	101,709.52	125,015.35
69	13	88,000.00	103,330.13	128,380.38
70	14	88,000.00	104,897.58	131,745.42
71	15	88,000.00	106,397.19	135,110.45
72	16	88,000.00	107,811.26	138,475.48
73	17	88,000.00	109,214.42	138,475.48
74	18	88,000.00	110,604.74	138,475.48
75	19	88,000.00	111,978.33	138,475.48
76	20	88,000.00	113,330.80	138,475.48
77	21	88,000.00	114,658.46	138,475.48
78	22	88,000.00	115,961.03	138,475.48
79	23	88,000.00	117,236.15	138,475.48
80	24	88,000.00	118,479.94	138,475.48
81	25	88,000.00	119,690.03	138,475.48

出所：ある生命保険会社の米ドル建て終身保険の提案設計書より
注：※このグラフと表は、保険期間満了時に自動更新が可能な場合、更新しないものとして計算しています。
※「死亡保険金」には死亡給付金の金額も含めて表示しています。
※本表は米ドル建で計算しております。保険料を円貨でお払い込みいただく場合は、為替相場の変動による影響を受け、円換算後の保険料が変動します。また、保険金や解約返戻金を円貨で受け取る場合も為替相場の変動による影響を受けるため、実際にお受け取りになる円換算後の金額は変動し、円貨でお払い込みいただいた保険料の合計額を下まわる場合があります（一時払の場合は米ドルで保険料を払い込むこともできます）。したがって、経理処理の数値例、解約返戻率、および、これらに伴う数値例が表示されている場合も、為替相場の変動による影響を受けますので、ご注意ください。

わかりません。

実は、このような途中の損をマイナスとして意識する人は少なくて、多くの人は、「ああ、X年持てばプラスになるのだ。このくらい儲かるのだ」というふうに考えます。

つまり、たとえドルベースであっても結果がわかることで安心してしまうのですね。このように「解約返戻金が示されている」というのは、消費者の心を捉える仕掛けのひとつになっているのだと思うのです。

お金を増やしたい一般の人、これまで投資に縁がなかった人にとって、怖いのは、今後いくらになるのかがわからないことです。儲かるかもしれないけれど、損するかもしれない不確実性に対して恐怖心を持つのです。だから、「お金は増やしたいけれど、株式に投資をするのは怖いので、結果が明記されている保険で」という発想になるのでしょう。これが、あたかも「元本割れしないような」印象に繋がるのです。外貨建ての場合、元本保証をされているのは、あくまで外貨ベースです。為替次第でどうなるかはわかりません。ここを忘れないようにしてください。

運用や投資では、お金が増えることもあれば、減ることもあります。このどうなるかわからないことを投資の世界では「リスク（不確実性）」と言います。日常に潜むリスク＝危険とは違う概念です。投資が怖いという人は、投資＝危険と解釈しているのだと思いますが、そうではありません。「リスク（不確実性）」は、投資で最も重要な原則ですので、まず、これについて、簡単にご説明しておきましょう。

投資の収益を「リターン」と言います。リターンには、金利や配当金のように定期的に支払われる「インカムリターン（インカムゲイン）」と、株式や債券のように、価格が値上がりした時に得られる「キャピタルリターン（キャピタルゲイン）」があります。そして、両方を合わせたものを「トータルリターン」と言います。

定期預金のリターンは金利ですが、あらかじめ決められていて、今は年利0・01％ほどとても低い状態です。定期預金は、株式のように売買されることがありませんので、キャピタルリターンはありません。

債券は、いろいろありますが、利率が確定している一般的な債券は、インカムリターンは決まっていて、その債券を売買する価格は市場で変動します。

株式も、会社の業績次第でトータルリターンが変動します。上がるかもしれませんし、下がるかもしれません。

この結果、リスクの大きさは、「預貯金＜債券＜株式」となります。

普通は、リスク（不確実性）が高いのなら、それなりにリターンが欲しいと思います。同じリターンなら、確実性の高いほう、つまり不確実性の低いほうがよいのは当然です。よりリスクの大きなものには、より大きなリターンを期待しますし、リスクがあまり大きくないものはそれなりにということで、いわゆる「ハイリスク・ハイリターン」「ローリスク・ローリターン」ということです。投資で最も重要な原則は、リスクとリターンはトレードオフの関係だということです。

ここまではあくまで一般論です。実は、なかにはリスクが大きいのにリターンがそれに見合わない取引もあるのです。そのひとつが為替取引です。

日本経済新聞社の田村氏は、「ファイナンスの世界では、為替取引そのものには、リスクだけがあってそれに見合うリターンがないというのがセオリー」と言います。2つの国の金利差は、一見、リスクをとるがゆえの見返りのリターンのように見えますが、そうではありません。時期にもよりますが、金利差は将来、為替レートの変動（つまりは円高外貨安）によって消えてしまいがちだということです（これについてはさらに104ページで詳しく説明します）。

しかも為替取引に限らず、金融商品全般に言えることですが、コストが大きければ、リスクに対するリターンはその分大きく棄損されてしまいます。コストが大きな金融商品においてはハイリスク・ローリターンという関係が成立してしまうのです。

国際分散投資はとても大事なのですが、①リスクに見合ったリターンが得られる種類の資産かどうか、②コストが高すぎないか――を見極めたうえで国際分散投資を実行することが大事なのです。そう考えると、保険商品による外貨投資がそれに適しているかについては、①②の両面において疑問があるといえるのではないでしょうか。

さて、話を元に戻します。円建ての貯蓄性保険も外貨建ての貯蓄性保険もともに、解約返戻金が示されていることで安心だと思わせる。こうした仕掛けが、保険にはあると述べました。しかし、再三述べてきたように、外貨建ての貯蓄性保険で保証されているのは、あくまで外貨ベースでのことです。ですから、リスク（不確実性）はあるのです。さらに、運用を目的にした場合、手数料などを引かれてマイナスからスタートするというのは明らかに効率が悪いはずです。運用して価格が上昇したとしても、途中でかかるコストの分は、その効果を手放さなければなりません。高コストの外貨建ての貯蓄性保険は、リスクは大きいのにリターンが少ない商品だと言えるのではないでしょうか。

最後にもうひとつ付け加えておきたいことがあります。「元本割れしなくなるのはX年後」という、いわば損益分岐点に着目するということに関してなのですが、途中のマイナスについて、「ああ、X年持てばプラスになるのだ。このくらい儲かるのだ」と考える人は多いのではないかと述べました。ここまで持ち続ければ損しない、頑張って保険料を支払い続けようという気持ちになるようです。

しかし、1章のケースでもご紹介したように、保険料の支払いができなくなったら、元本割れ覚悟で解約せざるを得ませんし、市中金利よりも高い利息を支払って契約者貸付で工面するという間違いを起こすことにもなります。預貯金であればいつでも自由に出し入れできる（流動性）というお金の特質を損なうという側面が保険にはあります。契約時には、なぜ自分はこの保険に加入しようと思うのか、しっかり考えてみてください。運用目的なら相当に非効率な選択なはずです。

第3章 商品の仕組みを徹底解剖

1 生命保険会社はなぜ外貨建て保険を積極的に売っているのか

「当時から、一部の外資系生命保険会社の中に、代理店に外貨建て保険を積極的に売らせようとする動きはありました。円建ての保険より予定利率が高いことに加え、代理店手数料が高いことも強調されていました」

2011年まで自らも乗合代理店に勤めていたオフィスバトンの後田亨氏は言います。どうやら外貨建ての貯蓄性保険は、販売会社にとって売りたいというインセンティブが働く商品のようです。これについて考えてみたいと思います。

金融庁の事務局説明資料（2016〈平成28〉年8月8日）に、銀行での貯蓄性保険の販売状況について、「投資信託の販売が停滞する中、保険商品の販売は堅調である。売れ筋は、運

図表3-1　投資信託、一時払い保険、仕組債の平均手数料率の推移

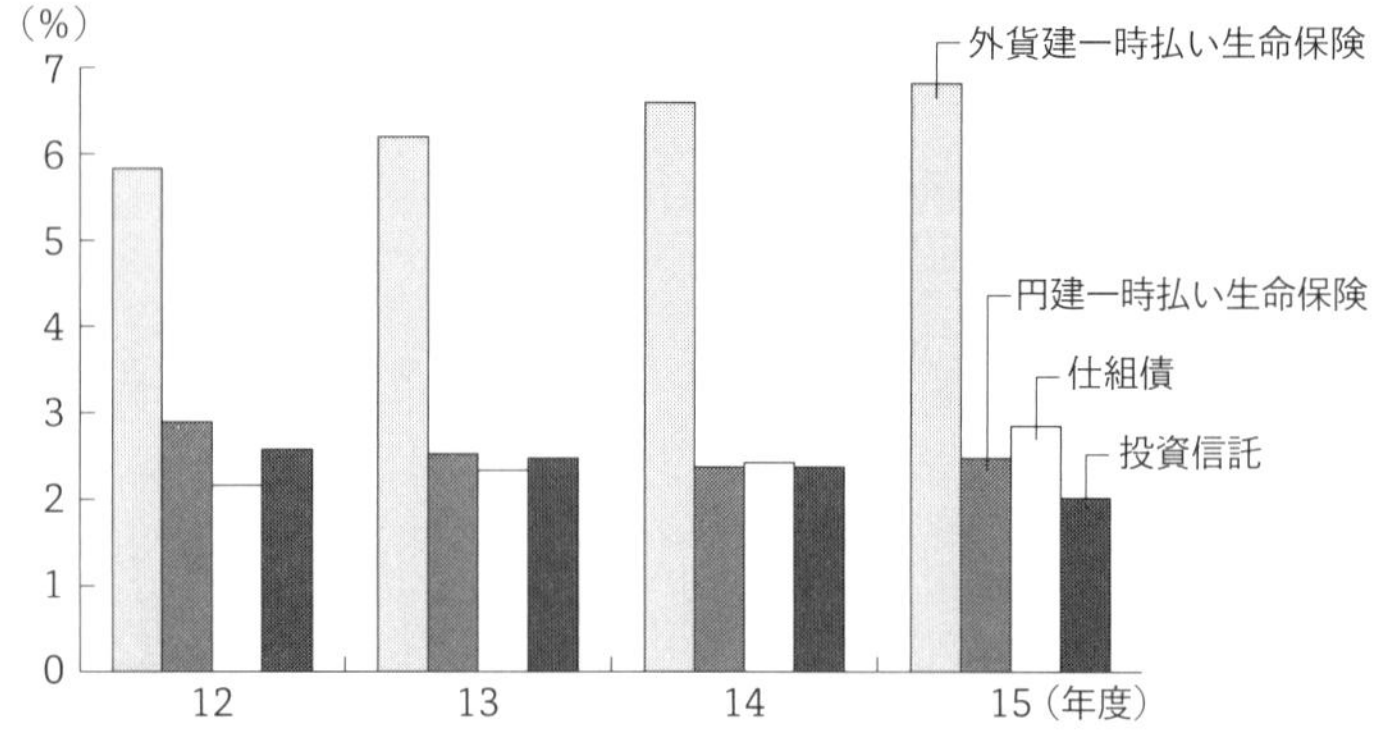

出所：金融庁
注1：主要行等9行、地方銀行12行の回答を集計（一部有効回答が得られなかった先を除く）。
注2：平均手数料率＝税込販売手数料／販売額
注3：一部、簡易的に税込手数料に換算後、集計。

用商品と保険商品を複雑に組み合わせた外貨建ての一時払い保険だが、他の金融商品と比べ、手数料が高めに設定されている」と記されています（https://www.fsa.go.jp/singi/singi_kinyu/market_wg/siryou/20160802/02.pdf）。

この手の商品の販売手数料率は、一時払い保険料の5～7％とされています。2018年からスタートしたつみたてNISAの対象になっている投資信託162本（2018年10月31日現在）は全てノーロード（販売手数料なし）ですので、銀行扱いの生命保険商品の販売手数料が5～7％というのは高水準と言わざるを得ません。例えば1000万円の保険料を支払った時点で50～70万円が販売手数料となるのです。

生命保険会社は、販売手数料を契約者の一時払い保険料や積立資産から差し引きます。このように、生命保険会社の内部取引によって手数料が生み出されるので外側からは見えづらく、保険相談にいらっしゃる方々の大半はこのような手数料の捻出方法を知りません。例えば、スポーツクラブの入会金のように直接支払うわけではないので、気が付かないのですね。

また、商品によっては、契約時の販売手数料が3～4％に抑えられているものもあります。契約時の販売手数料がないという商品もあります。でも、だから良心的であると思ってはいけません。入り口でまとめては取らないけれど、契約期間中に回収される仕組みです（一概には言えませんが2％程度）。本書で以降に取り上げている保険で「販売手数料がない」というのはこの意味です。そして、生命保険会社は、顧客から徴収した手数料から、一部を販売手数料として、販社の銀行や乗合代理店へ支払います。

2016（平成28）事務年度の金融レポートによりますと、2016年10月以降、銀行では代理店手数料率の開示が行われていることになっています。投資信託の販売用パンフレットと同じように、手数料の支払い先への内訳が書かれているようなのですが、残念ながら私は見たことがありません。実際に銀行に行って、「パンフレットをください」と言うと、「保険は加入年齢によって積立利率や保険料が変わってきますので、個別にご提案書を作成させていただいています」と言って、奥の席に通されました（2018年7月現在：金融庁に伝えたので今後改善が促されるかもしれません)。もらった保険設計書に、手数料は開示されてはいませんでした。

乗合代理店の受け取るインセンティブ報酬についても、金融リポートでは、「インセンティブ報酬料も原資は保険契約者から預かった保険料であることを踏まえると、『質』『量』ともに、顧客にきちんと説明できる合理的なものとしていくことが重要である」(2016〈平成28〉年事務年度金融レポート40ページ)と指摘されています。

「たくさん売ったらご褒美旅行」などのインセンティブはさすがに取りやめたようですが、今後は、顧客に対する合理的で明確な開示を期待したいものです。

また、他にも手数料は様々かかります。例えば契約している限りかかる保険関係、運用関係などの費用、年金受け取りにすると、年金管理費として受取額に対して手数料が引かれます(これも一概に言えませんが1~1・5%程度)。さらに通貨を換算する時の手数料など、とにかくなんだかんだと手数料がかかります。

外貨建ての貯蓄性保険にかかる様々なコストをイメージ図にしてみました(図表3－2)。もちろん商品によって違いはありますし、1つの商品でこれら全ての手数料が差し引かれるわけではありませんが、こんな感じで、いろいろなところでかかる手数料があります。

日本経済新聞社の田村正之氏は、「投資信託(以下、投信)のように開示すると、商品を比

図表3-2　外貨建て（豪ドル）の貯蓄性保険にかかる様々なコストのイメージ図

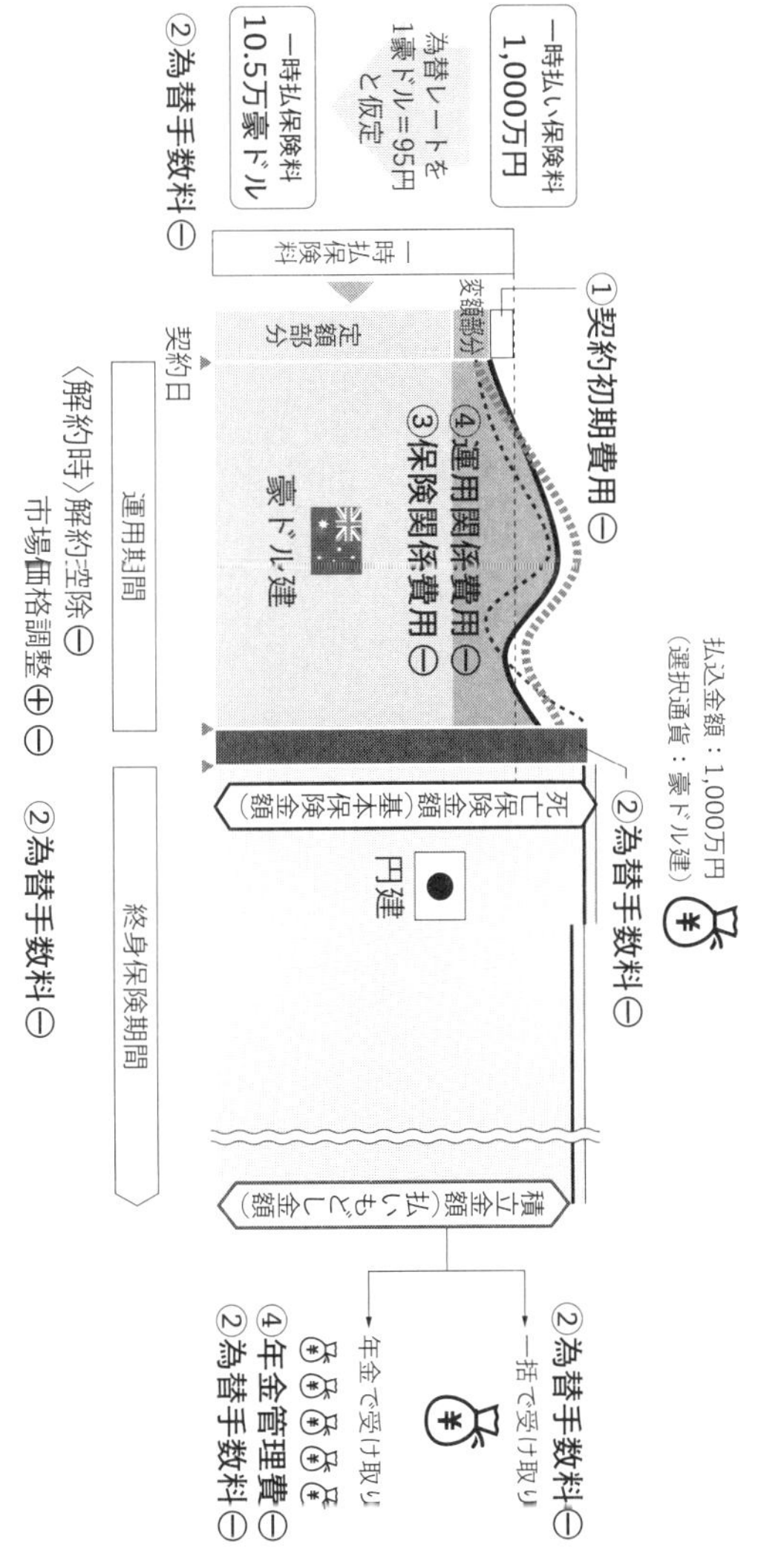

出所：ある生命保険会社の資料をもとに作成

べる基準となる。低コストの投信を使う方がはるかによいケースが多いのにも関わらず、保険はコストを開示していないので、保険のほうがよいのではないかという誤解がある」と指摘します。

情報開示をしないと適切な保険を選べないし、投信との比較もできません。会社によっては手数料を抜いた実質利回りを出しているところもあるようですが、多くの生命保険会社が記しているのは、最低保証する利率のみです。消費者にとって貯蓄性商品に保険料を払い込むことは、運用資産に資本を投下することと同様なのですから、せめて銀行扱いの生命保険商品にあっては保険料に対する成果としての利回りがいくらだったのか、中途解約率がどのくらいかなど、過去の水準について共通ルールで比較可能な形で開示するべきではないでしょうか。

2　保険料の違いはこうして生まれる

外貨建て貯蓄性保険は、「保障」と「運用（貯蓄性）」が組み合わさった複雑なパッケージ型の商品になっているため、保険関係の費用と運用関係の費用とがダブルでかかり、高コスト商品となっています。手数料が高くなる理由について具体的に考えていきたいと思いますが、その前に、そもそも生命保険の保険料というのはどのように決まるのでしょうか。その仕組みを

図表3-3　40歳男性の保険料の違いは？

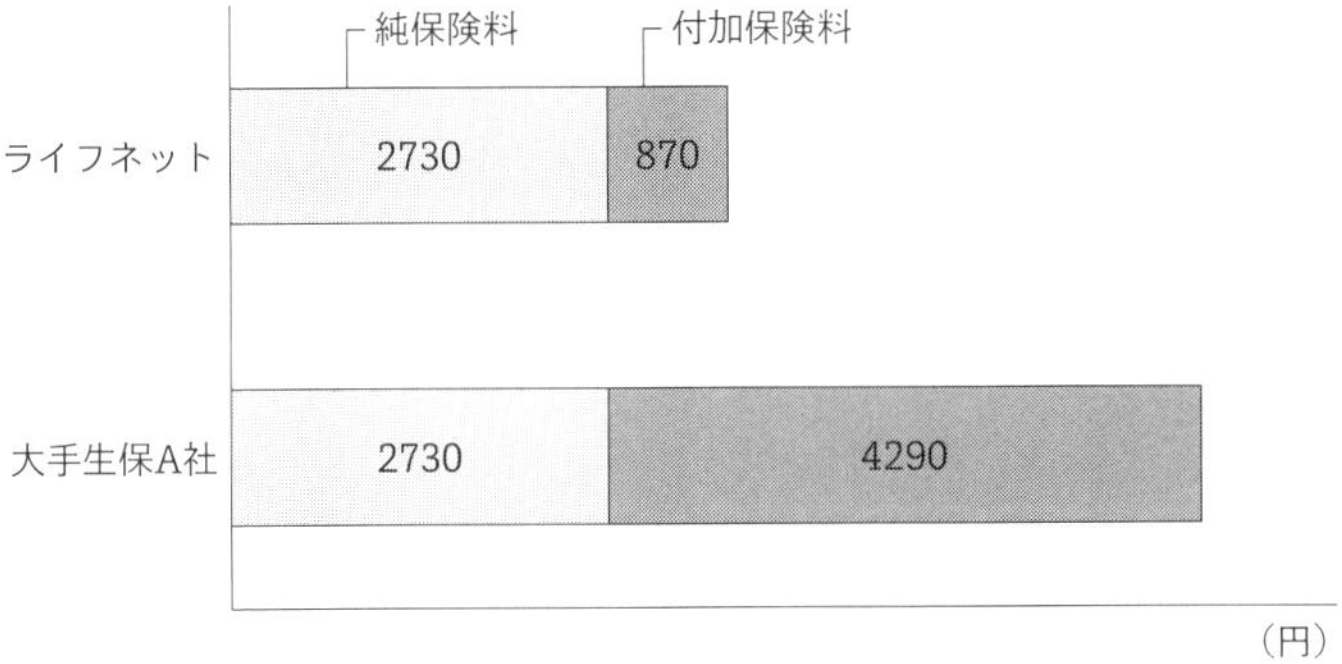

出所：日本経済新聞社・田村正之氏作成
注：2018年10月現在、大手生保A社の純保険料はライフネットと同額と想定

知っておくことで、コストについてより理解しやすくなると思います。以下は、一旦、貯蓄性商品の立場から離れて、一般的な平準払いの定期保険などの死亡保障商品で説明します。

まず、生命保険会社によって保険料は様々です。例えば、大手国内生保とネット生保では、同じ人が同じ期間で、同じ保険種類、同じ死亡保険金額を確保する場合でも保険料に差があります。

日本経済新聞社の田村正之氏によると、「保険料は、保険金の支払いに備える純保険料と、経費になる付加保険料で構成される。純保険料は通常、標準生命表などに基づいて計算されるのでどの会社もそれほど変わらない水準になる。ネット生保が割安なのは大手に比べ、多数の営業職員を抱えないなどの理由で付加保険料が低いという要因が大きい」と指摘します。

図表3-4　ライフネット生命保険料の内訳

男性			保険金額 1,000万円	保険金額 3,000万円	保険金額 5,000万円
20歳	保険料		¥920	¥2,260	¥3,600
		純保険料	¥546	¥1,638	¥2,730
		付加保険料	¥374	¥622	¥870
30歳	保険料		¥1,068	¥2,704	¥4,340
		純保険料	¥667	¥2,000	¥3,333
		付加保険料	¥401	¥704	¥1,007
40歳	保険料		¥1,925	¥5,275	¥8,625
		純保険料	¥1,365	¥4,095	¥6,826
		付加保険料	¥560	¥1,180	¥1,799
50歳	保険料		¥4,217	¥12,151	¥20,085
		純保険料	¥3,233	¥9,699	¥16,166
		付加保険料	¥984	¥2,452	¥3,919

出所：ライフネット生命保険

以下は、ネット生保のライフネット生命が公表している「保険料の内訳」です。オフィスバトンの後田亨さんの解説がわかりやすいので、ご紹介します。

「例えば、30歳男性が、向こう10年間、1000万円の保障がある定期死亡保険に加入する場合、保険料に占める付加保険料の割合（付加保険料率）は、401円÷1068円×100＝37・5％となります。

50歳男性が加入する場合は、付加保険料率は23・3％です。年齢とともに死亡率が上がり、純保険料は増えるものの、契約の管理費などは加齢の影響を受けないはずなので、付加保険料率は相対的に下がってくるとみられます」

図表3-5　定期死亡保険1000万円の付加保険料の割合

		20歳	30歳	40歳	50歳
男性	保険料	¥920	¥1,068	¥1,925	¥4,217
	付加保険料の割合	40.7%	37.5%	29.1%	23.3%
女性	保険料	¥547	¥846	¥1,463	¥2,686
	付加保険料の割合	55.8%	42.6%	32.4%	26.1%

出所：ライフネット生命保険料の内訳より筆者が計算
注：小数点第二位で四捨五入

内訳表から保険金額1000万円の保険料の付加保険料の割合を算出したのが次の図表3－5です。

高齢になるほど、付加保険料割合が小さくなっているのはご覧の通りです。高齢になると保険料が高くなり、分母が大きくなるので、付加保険料の金額が変わらない場合でも、付加保険料率は低く見えるということです。また、女性よりも男性のほうが小さくなる傾向があるようです。おそらく女性は死亡率が低いため、同年齢の男性より保険料が安くなるので、付加保険料の額が同じでも率は高くなりやすいのでしょう。

また、「購買層に男性が多いことを予想し、戦略的に男性を優遇している可能性なども考えられる」（後田氏）。

このように、付加保険料率については、低く見える場合があり、一元的な評価は難しいと言えます。

しかし、ある生命保険会社で、定期保険、保険期間は10年、金額3000万円に加入した場合、30歳男性の保険料は月額8010円です。純保険料は各社さほど差がないということですので、ライフネット生命の保険料の内訳から、純保険料を2000円とすると、付加保険料は6010円にも上ります。実に保険料の75%が付加保険料だと推測されます。ライフネット生命の付加保険料704円に対して8・5倍です。生命保険会社が保険事業を維持管理、運営していくための費用が、保険料に大きな差をもたらすのは間違いないようです。

ただし、相互会社では配当のある商品と比較してしまう場合があります。その場合、付加保険料は費差配当（決算の結果、剰余金が生じた場合には、契約者に対して配当として支払われる）の財源となりますので、一概に保険料を比較することは誤解を生じますが、販売時の保険料が直接的な比較材料となりますので、この場ではそれを使用しました。相互会社各社には保険料の提示とともに代表例として利差益、死差益、費差益の過去の実績もわかりやすく開示されることを希望します。

しかし、なぜここまで付加保険料が高くなければならないのでしょうか。例えば、埼玉県民共済の事業費率は3%以下で97%強の掛け金を還元しています。また、投資信託だと信託報酬0・2%前後のものも増えてきました。保険会社の中には、保険代理店向けに価格の安い商品を開発・販売するという動きもありますが、営業職員を通して売られている商品の価格は高いままです。顧客本位の事業運営が求められているなか、やはり特異に感じます。

3 保険料はこう決まる

保険料の決まり方について、もう少し詳しくみていきます。

保険料は、人が死ぬ確率である「予定死亡率」、保険料を運用して得られる収益などの見込みから出した「予定利率」、会社が使う費用の見込みを反映した「予定事業費率」という、あらかじめ予定した3つの基礎率に基づいて計算されます（厳密には、予定解約率を保険料の計算に使用する場合もあるということです）。上記の「純保険料」の算定には「予定死亡率」と「予定利率」が、「付加保険料」にはさらに「予定事業費率」が使用されます。この予定率が変わると保険料が変わってくるのです。

私たちが支払う保険料は、あらかじめ一定の運用利益を見込んで割り引かれています。この割引に使用する利率が「予定利率」です。一般的に運用成果を高く見込むことができれば、それだけ保険料は安くなります。保険金を支払う際に、支払いのため積み立てておいた保険料に運用益を加えることができると見込めるからです。外貨建て保険は、円建ての保険に比べて予定利率が高いので、その分、割安に保障（外貨ベースでですが）を持つことができます。

また、2章で述べた標準利率の引き下げは、生命保険会社が予定利率を引き下げる理由でし

図表3-6　基本的な保険料の構成

営業保険料は純保険料と付加保険料からなる

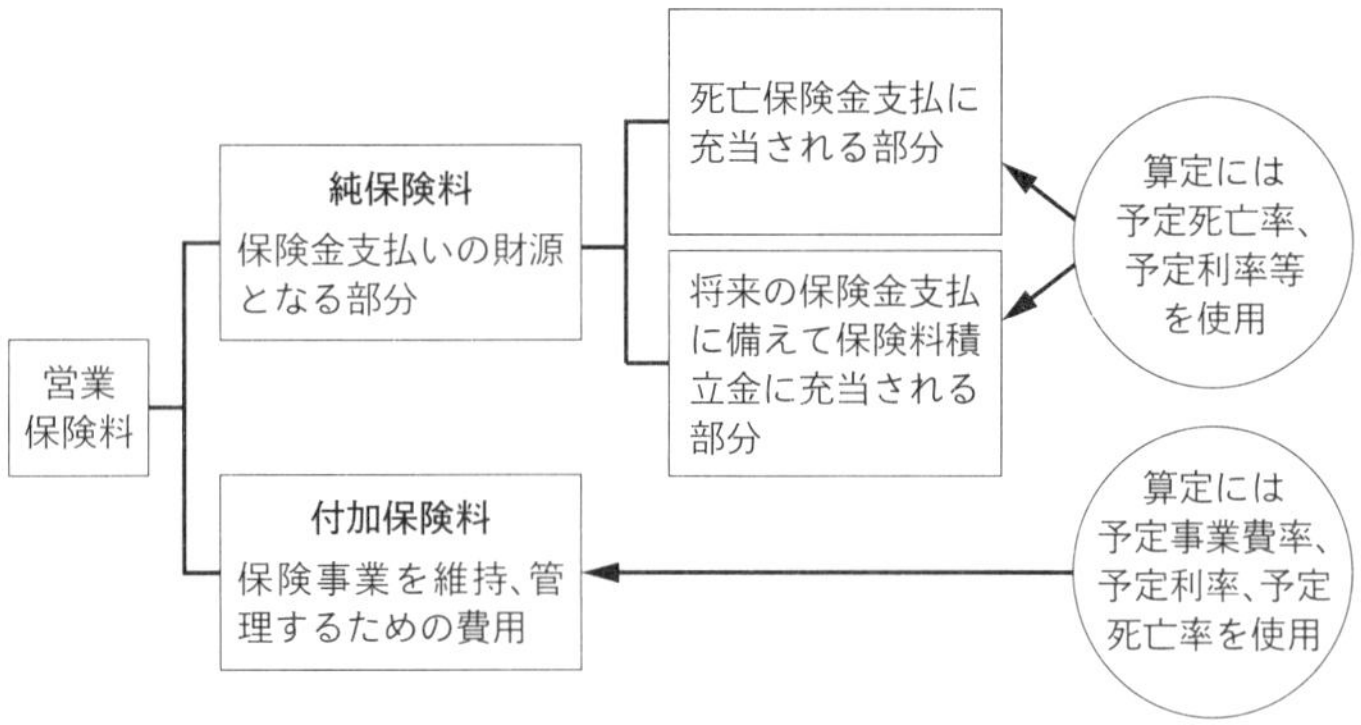

出所：『保険リテラシーが身につく本』（税務経理協会）を筆者が修正

た。

一旦決めた予定利率は、通常、その契約が終了するまで維持されます。予定利率による運用収益の見込み額より、実際の運用収益のほうが多ければ「利差益」が生じます。また、予定していた事業費よりも実際の事業費が低ければ「費差益」が生じます。

そして、平均寿命が伸びることは、「予定死亡率」の低下に繋がります。実際の死亡者数が想定より少ない場合は、「死差益（危険差益）」が生じるのです。

さらに詳しく説明しましょう。まずは、「死差益」についてです。

日本アクチュアリー会は、保険業法に定めのある「標準責任準備金」を算出するために「標準生命表」を使います。この生命表に記載されている

「死亡率」は、責任準備金を健全な水準で積むことを目的としている保守的な死亡率です。

この「標準生命表」は、生命保険会社が安定的に運営されることを目途としているので、それほど頻繁に変更されることはありませんが、現実の死亡実績との間に乖離が生じ、それが看過できない状態になると改定されます。直近では、2018年4月に11年ぶりに改定されました。結論から言えば、死亡率の低下によって保険料は安くなることになります。

しかし、日本経済新聞社の田村氏は、「50歳男性の死亡保険用の例では、この先1年の死亡率が従来の0・365％から0・285％に下がったが、厚生労働省が発表する現実の死亡率0・254％（2017年簡易生命表）に比べると、改訂前の死亡率はかなり高い」と言います。

高い死亡率は、死亡保険金を実際より多く払うことを前提にしているということですので、保険料はかなり高く計算されていることになります。もちろん、保険料を算定する場合は、年齢別、性別の集団で、契約の始めから終わりまでに払い込まれる保険料の現価と、支払う保険金や事業の経費の現価が等しくなるように計算される「収支相等の原則」があり、契約全体で釣り合うように計算されます。長寿化で、今後支払いが増えると見られる医療保険もあるからバランスは取れているということなのかもしれませんし、あるいは、医療保険は、各社とも自社データが揃うに従って、これまでの保険料が高すぎたため引き下げの傾向にあるという意見も聞きます。

また、収支が相等する前提で営業保険料は計算されるので、経費率を高く見積もれば、それに「相等」する保険料は当然高くなります。

ちなみに、生命保険会社大手の多くは相互会社という経営形態をとっています。これは、保険業法により、保険会社のみに設立が認められているもので、文字通り契約者（＝社員）が相互に支え合うための組織であるという意味で、本来の目的は共済と似ています。県民共済などでは、多く徴収された保険料は事業費などを除いて大半が還付されています。

日本生命保険、明治安田生命保険、住友生命保険という相互会社大手3社の「危険差益（死差益）」は、2017年度決算で1兆2215億円と、保険会社の基本的な利益の65％を占めています。日本経済新聞社の田村氏は、「相互会社3社も死亡率の低下（死亡保険金の当面の支払い予想額の減少）を反映させる形で、新規顧客向けには死亡保険金の保険料を下げる一方、既存顧客向けに2017年度の契約者配当は3社計で約4300億円（新規繰入金ベース）と、前年度より9％増えている。ただし経費が巨額であることも影響し、配当の水準は2016、2017年度ともに危険差益の金額に対し3割弱にとどまる」と指摘します。

「契約者に適正な支払いをするために、死亡予定率などにある程度の余裕を持たせて経営の健全性を維持することは必要だと思うが、これほどまでに危険差益が巨額であることは一般に知られていない」(田村氏)。

米国では危険差益の水準がこれほど大きくはないという指摘も専門家から聞かれます。あるいは、経営のリスクを考えて危険差益は多めにとるのはいいとして、余った場合は共済のようになるべく多く配当で返すことを望むのは間違いでしょうか。なにしろ、本来は契約者同士が助け合う仕組みである「相互会社」なのですから。

田村氏は、「実は決算の剰余金の額に占める契約者配当の比率自体は高く、その意味では各社とも努力はしている。しかしそもそも経費など事業費が大きすぎて剰余金が危険差益に対して小さくなっているため、契約者配当も抑えられてしまっている面がある。結果として、契約者は大きな危険差益を反映した高い保険料を負担する一方で、十分な配当還元を得られない状況にあるのではないか」と話しています。

生命保険会社各社に危険差益の適正水準についての議論をぜひしていただきたいですし、また、読者の皆さんも、保険料がいかに割高であるのかを十分理解し、過度に保険に頼らないということを改めて考えていただきたいと思います。

4 金利が下がるたびに保険料が上がる?

次に「利差益」について見てみます。

2017年4月の標準利率引き下げに伴う円建て商品の値上げを機に、各社が、外貨建て商品の販売に注力し始めたことについては既に述べました。標準利率が引き下げられることによって、円建て商品の保険料が値上げされたり売り止めになったりしたためです。

結果、一時払いと共に毎月保険料を支払っていく平準払いの商品の2017年の売上高は急増し、前年比を大きく上回ったといいます。生命保険会社の説明では、消費者の「貯蓄ニーズ」と「外貨建て資産の保有ニーズ」に応えたということです。

では、まず、「標準利率が引き下げられることによって、なぜ、円建て商品の保険料が値上げされるのか」を解説します。

そもそも、標準利率が引き下げられたのは、円が低金利になったからですが、もう少し詳しく説明すると、2017年4月に、標準利率がそれまでの1%から0・25%に、4年ぶりに引き下げられました。標準利率というのは、保険会社が将来、保険金や給付金の支払いがちゃんとできるように義務づけられた「責任準備金を積み立てる利率」です。保険期間が1年以下の保険、変額保険や予定利率変動型の保険、外貨建て保険などはこの標準責任準備金制度の対象外になっています。

保険会社は、この標準責任準備金の積立を前提にして、各社、保険料を計算するための予定利率を設定します。つまり、65ページで説明した保険料計算用の予定利率は、責任準備金計算用の標準利率とは別に設定することが可能だということです。ただし、その場合でも行政当局の認可を得た範囲内で保険料計算用の予定利率は設定されます。

仮に、保険料計算用の予定利率を、責任準備金計算用の標準利率より高く設定すると、純保険料（契約者が支払う保険料のなかで、保険会社の経費となる「付加保険料」を除いた、将来の保険金支払いに充てられる部分のこと）が低くなるので、いわゆる逆ザヤで赤字になる確率が高まります。結果的に保険会社の負担が大きくなるわけです。こうしたことから、これまで、標準利率が引き下げられれば、予定利率も連動して引き下げられやすくなることが多かったようです。

そして、予定利率が引き下げられると、以降の新契約の保険料が引き上げられることになります。契約者の負担が重くなるのです。もちろん、各社、営業努力によって値上げを抑制する取り組みがなされてはいますが、保険料は高くなる、でも利率は低いということで、魅力の乏しくなった円建て貯蓄性商品は、売り止めになるものも出てきます。そのような背景から、外貨建て貯蓄商品が、多くの会社の主力商品となりました。

2018年6月10日付の日本経済新聞の社説に、主要生保16グループの2018年3月期決算は期間損益を示す基礎利益が13グループで増加したと記されていました。「資金運用と並ぶ生保経営の両輪である保険販売でも、外貨で運用する商品が貢献した。なかでも直近3年間の累計で100万件を突破した売れ筋が『外貨建て一時払い終身』と呼ばれる定額保険だ」とありました。

記事では、国内の超低金利環境にもかかわらず、主な生命保険会社の業績が堅調であるのは、海外運用を積極的に進めてきたことと、円安水準で推移したことで、保有する外債の利息や償還益が上振れしたこと、そして、上記のように、外貨建て保険販売の収益によるのだとしています。そこでも指摘されていますが、アクチュアリーの山内恒人氏は、「生命保険会社の海外投資への傾斜は、今後の為替変動による損失の発生の可能性を高めるだろうし、為替差損を回避するための取引等のリスク管理も重要になってくる」と言います。

また、1995年から大手国内生保に勤めていた後田亨さんは「これまでも、円建ての貯蓄性保険は、円の長期金利低下をうけ、保険料の値上げを繰り返してきている。それは、保険会社の人たちが『高金利の外貨で運用すると安全確実にお金を増やせる』とは考えていない証拠ではないか。本当に外貨での運用益が確実視できるのであれば、貯蓄性が語られる商品で保険料を値上げする必要はないだろう」と言います。

これを皆さんがどう考えるかは自由ですが、契約者が直接負っている為替リスクについてはしっかりと理解すべきだと思います。

先ほどの記事にも、外貨運用は、円建てに比べて利回りが高く設定されるため魅力的に映ること、外国資産に分散投資するのは資産形成の選択肢のひとつであること、生保商品には税制面の優遇措置もあることをあげたうえで、為替リスクについて注意を促しています。また、「運用開始前に差し引かれる手数料の水準を含め、契約者への丁寧なリスク開示が欠かせない。保険料が最初に一括で払い込まれる一時払い型は銀行にとって売りやすい。契約者の健康状態の確認手続きが簡便で、80歳を超えていても新規に加入できる。だが、果たして外貨建て保険の複雑な仕組みとリスクを高齢者にどこまで理解してもらえるのか。国民生活センターには苦情や問い合わせが増えている。生保と銀行が一体で販売成績を追求するだけでは将来に禍根を残しかねない」（記事引用）と述べています。

生命保険会社の「消費者の貯蓄ニーズに応える商品だ」という説明は、消費者として、慎重に受け止めるべきでしょう。

外貨建ての貯蓄性保険は、その仕組み上、一般の生命保険に比べて投資性が強い商品です。

為替レートの変動のほかにも、次の章でご説明する市場金利に影響を受けるリスクを有しています。

また、先に述べたように、変額保険や予定利率変動型、外貨建てなどの貯蓄性保険は、標準責任準備金対象外商品です。これら商品における「責任準備金」の対象は「保障部分」だけです。つまり、運用についてのリスクを負っているのは、契約者であるということです。そういう意味では、外貨建て貯蓄性保険は、生命保険会社にとって負債が軽い商品だといえるのではないかと思います。

アクチュアリーの山内氏によれば、「死亡保険の役割は、被保険者が死亡したときに死亡保障をすることですので、保険会社はこの死亡保障に関してはリスクを取り、そしてリターンを返している」ということですが、言い換えれば、「ただし、金利リスクは負いたくない」ということなのでしょうか。次の章でさらに疑問点をあげたいと思います。

第4章 外貨建て保険の問題点

1 「痛み」を顧客が引き受ける仕組み？

金利上昇リスクを契約者に転嫁する？　ＭＶＡ

生命保険会社として、「死亡保障のリスクは取るけれど、金利リスクは負いたくないので、いろいろなプロテクションが掛かっているのではないか」と考える理由は、「市場価格調整率（ＭＶＡ：Market Value Adjustment）」というものの存在です。これから詳しく説明しますが、一言で言うと、解約返戻金の受け取りの際に、市場金利に応じた債券の価格変動が解約返戻金額に反映される仕組みのことです。結論からいうと、市場の金利が今より上がると、解約返戻金額は減ることになります。市場金利の変動によって、解約返戻金が払込保険料の総額を下回ることもあり、損失を生じるリスクがあるのです。

金利が上昇すると、契約者にとってはプラスに働くような気がしますが、違うのです。難しいですね。ゆっくりいきましょう。まず図表4－1Ⓐをご覧下さい。これは、解約時の積立金に対して市場価格調整が行われたことで解約返戻金が増減することが示されています。解約返戻金を受け取る際に市場金利が契約時と比較して上昇した場合は解約返戻金は減少し、逆に下落した場合は増加します。解約返戻金例Ⓑで具体的な増減額が分かります。円建ての個人年金保険のほか、高利回りを謳う外貨建て保険のほとんどにＭＶＡはついています。なぜこのような調整が行われるのでしょうか。

市場価格調整の仕組み

この「市場価格調整」の仕組みの根幹である「債券の価格と金利の関係」について、まずご説明します。

運用対象となっている債券とは、借りたお金の借用証書のようなものです。お金を借りると、借りている間は、あらかじめ決められた金利を支払わなければなりません。そして、事前に約束した日がくれば、借りたお金は返さなければなりません。

投資家は、債券を買うと（投資をすると）、通常、一定の金利を定期的に受け取り、期日がくれば（満期日とか償還日という）、元本が戻ってきます。途中で、他の人に売ることもでき

$$市場価格調整率(MVA) = 1 - \left(\frac{1+A}{1+B+X}\right)^{\frac{N}{12}}$$

A：この保険に契約時に適用された積立利率
B：解約する日や減額する日を積立利率計算基準日(契約日)とみなした場合に計算される積立利率
N：解約日から積立利率保証期間最終日までの残存月数

図表4-1　市場価格調整を利用した個人年金保険

Ⓐ

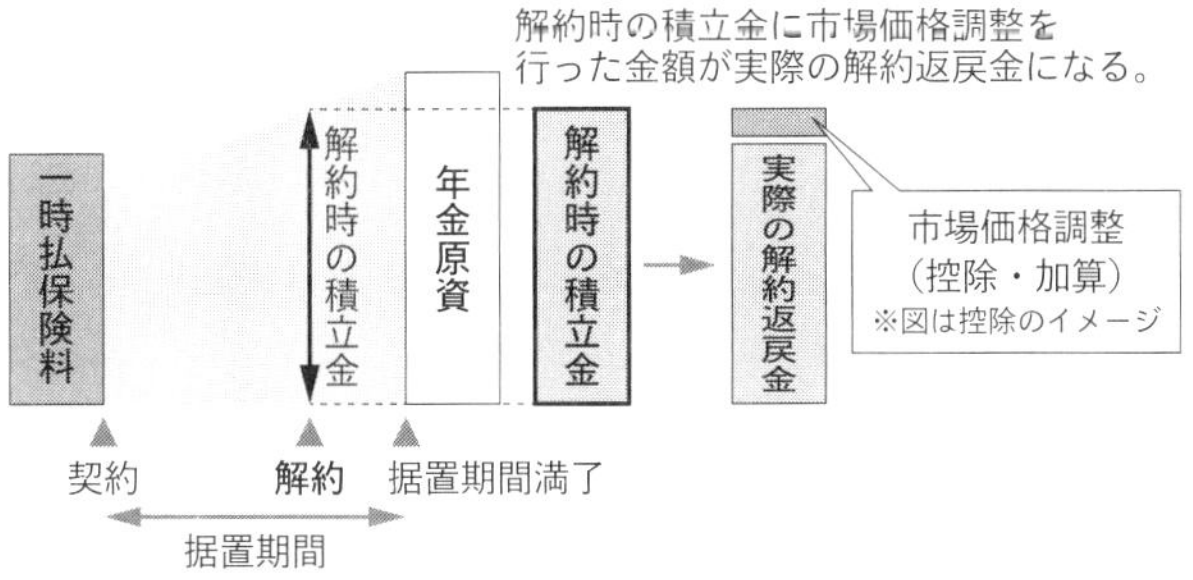

Ⓑ解約返戻金例

(ある会社の例) 一時払保険料200万円、積立利率1% (保証期間10年)、契約初期費用4%

据置期間	金利変動幅 (契約時の金利との比較)		
	0.5%上昇	変動なし	0.5%低下
契約後2年で解約	185万円	192万円	200万円
契約後5年で解約	194万円	199万円	204万円
契約後8年で解約	205万円	207万円	209万円

出所：生命保険文化センター
注：記載の金額は、税金を考慮したものではありません。

ます。転売する相手は、市場（マーケット）で見つけることができます。

　さて、この債券、いろいろな種類があるのですが、金利が固定されている一般的な債券は、金利が上昇すると債券価格が下がり、逆に、金利が低下すると値上がりします。金利と債券価格は、シーソーのような関係なのです。

　なんとなく、金利が上がれば価格も上がるようなイメージを持ちやすいのですが、以下のように考えていただくとわかりやすいかもしれません。

　例えば今、あなたは、1％の金利が付く債券を持っています。その後世の中の金利が上がり、新たに2％の金利が付く債券が発行されました。あなたは自分の持っている金利1％の債券を市場で売りたいと思いますが、出回っている債券より金利が低いので買い手が現れません。そこで、値段を下げなければならなくなるのです。逆に、さらに低金利政策が行われて、新たに発行される債券の金利が0・1％となったら、あなたの持っている1％の金利が付く債券は魅力的です。もっと高い値段でも買いたいという人が現れるので、債券価格は値上がりするのです。

　発行体が倒産などしない限りは、満期まで保有すれば、最終的には元本が返済されます。

　そして、「市場価格調整」は、次のように解約返戻金額に反映されます。

　図表4－2をご覧下さい。

図表4-2　市場価格調整のイメージ

●指標金利が契約時の2%から解約時に3%に上昇した場合

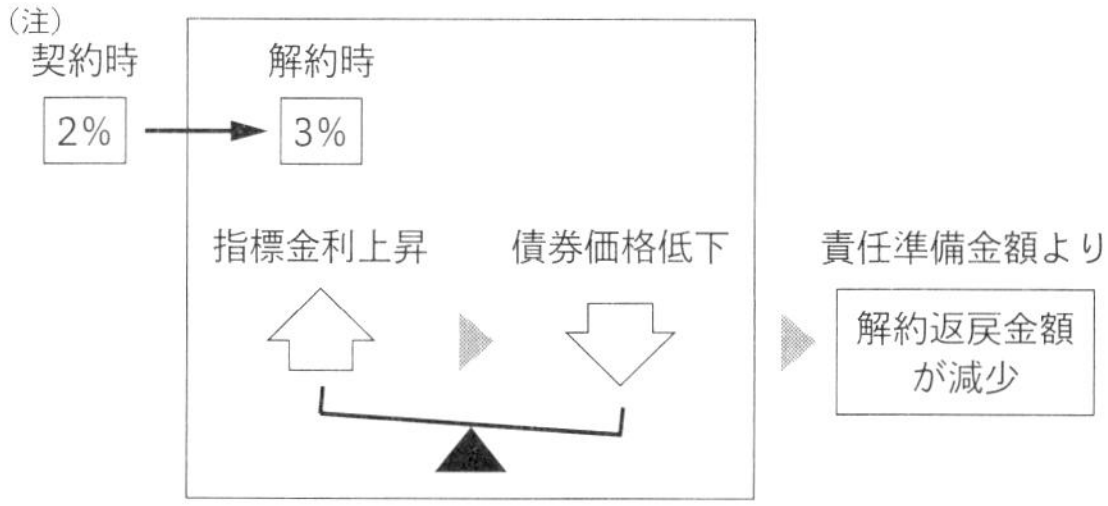

契約時に利率が2%の債券（固定利付債）を購入していた場合、その後、指標金利が3%に上昇しても、その債券の利率は変わらないが、3%の高い利率の債券が流通しているなか、2%の債券を売却したい場合には、当初購入した価格より債券価格（売却価格）は低下する。この債券価格の低下が解約返戻金額の減少に反映されることとなる。

●指標金利が契約時の2%から解約時に1%に低下した場合

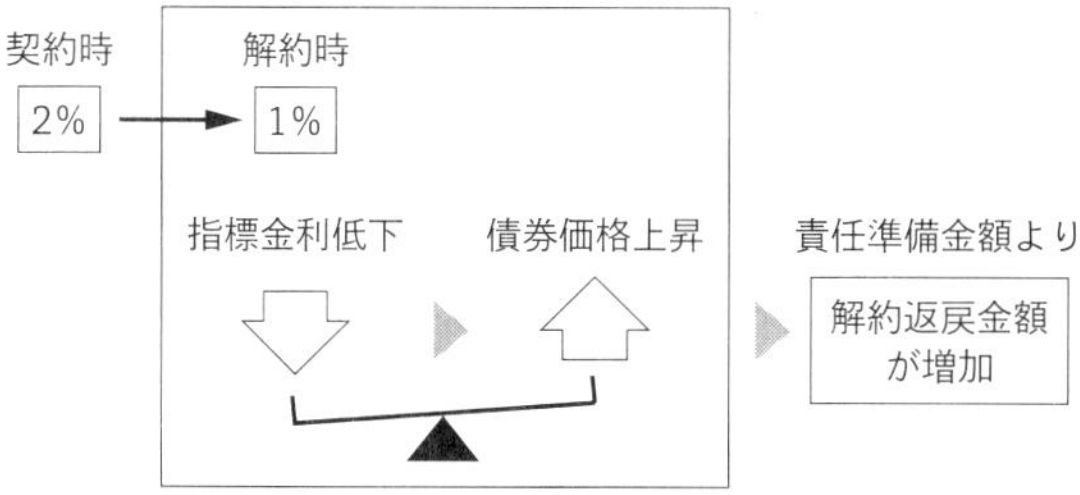

指標金利が1%に低下した場合も、購入した債券の利率は2%で変わらないので、債券価格（売却価格）は当初購入した価格より上昇する（高く売却できる）。この債券価格の上昇が解約返戻金額の増加に反映されることとなる。

出所：三井住友生命　契約締結前交付書面設計書（契約概要）
　　　無配当一時払外貨建生存給付金付特殊養老保険（Ⅱ型）
注：指標金利とは、金融市場で扱われる主要な金利でトレーダーなどが参加するプロの市場だけではなく、企業向けの融資や個人向けの住宅ローンの金利などを決定する際に指標として使われる。

例えば、契約時に、生命保険会社（または生命保険会社が運用を委託する運用会社）が、利率2％の債券を購入していたとします。その後、世の中の金利が3％に上がり、利率3％の債券が流通しました。契約者の解約時に、生命保険会社は持っている利率2％の債券を売却する必要がありますが、以上のような理由で債券価格は低下しています。そこで、価格の低下分を中途解約する契約者の解約返戻金から差し引きます。

つまり、解約した場合、金利が上昇することによって債券価格が下落する（資産が減る）リスクを中途解約する契約者が持つという仕組みです。

ＭＶＡは中途解約ペナルティ？

「ＭＶＡは、一種の中途解約のペナルティとして必要だ」という関係者がいます。契約途中で解約をする人が増えれば、満期まで契約を続行する残された契約者へ約束した高利回りを実現できなくなる可能性があるため、それを回避するために中途解約する人には、一定程度の負担をしてもらう必要があるということです。ある保険商品を1つのファンドと考えれば、そうおかしな仕組みでもないということなのです。

「個人が債券を買った時も同じなので問題ないのではないか」と言う人もいます。

フェアな形で商品を提供

アクチュアリーの山内恒人氏は、「ＭＶＡは、当該保険契約成立時に長期債券を割り当てたと考えた場合の調整であって、決して減るだけのものではない。市場金利が低下した状態で保険契約を解約した場合には当該債券は高く売れるのであるから、その分を増加して支払うことになる。このように、『減る』ときもあれば『増える』ときもあるというフェアな形で商品を提供している」と言います。また、「外貨建て貯蓄性保険は、為替リスクはあるが、死亡保障はしっかりしている。予定利率を高く設定して購入しやすくしているわけであるから（予定利率が高いと保険料は安くなります）、契約者は、（解約せずに）保険の機能を全うするようにしてもらいたい」と言います。

「ＭＶＡをつけた商品だからこそ、金利を高く付けることができる」「市場金利が低下した状態で保険契約を解約した場合には当該債券は高く売れるのであるから、その分を増加して支払うことになる」というのもその通りかもしれません（私も、このケースのご相談を受けたことがありますので、91ページのコラムで紹介しておきます）。

図表4-3　解約時の市場価格調整率の例

契約日からの経過年数	「契約時に適用された積立利率（A）」に対しての「解約する日や減額する日を積立利率計算基準日（契約日）とみなした場合に計算される積立利率（B）」の変動幅（%）						
	1.0%	0.5%	0.3%	0%	−0.3%	−0.5%	−1.0%
省略							（%）
6年	88.30	92.92	93.99	96.51	99.10	100.91	105.49
7年	89.52	93.10	94.63	96.89	99.19	100.81	104.87
8年	90.76	93.93	95.28	97.27	99.29	100.71	104.25
省略							

注：契約日における積立利率：1.5%、積立利率適用期間15年の場合

契約者が損を引き受けることに変わりはない？

しかしそれでも、「予定利率を高めに設定しているのだから、契約者都合で中途解約した場合に解約ペナルティは仕方がない。さらに、市場の金利との調整はどうしても必要になるので仕方がない」というのは、少々引っかかる理論です。今後、金利が上昇する局面においては、契約者にとっては、損を引き受けるということに変わりはないので、商品の仕組み上仕方がないというのであれば、まずは、こういう仕組みがある商品であるということを、契約者に正確に理解してもらうべきでしょう。実は乗合代理店などで説明を求めても、明確に説明できる人は少ないのです。全く理解していない人さえいます。売り手が曖昧な説明しかできないというのは、かなり問題だと思います。プロですらそうですから、この仕組みを正しく理解して契約している人は相当に少ないのではないでしょうか。

また、ＭＶＡについては、勧誘の時に使われる保険設計書には注意書きとして、「市場金利に応じた運用資産の価格変動を解約返戻金額に反映されます」とだけで、詳しい説明がないものもあります。

生命保険会社として、「ＭＶＡは契約者が負担すべき運用コスト」として、契約者に理解してもらう努力をすべきではないでしょうか。これについて金融庁も、「商品の実態を顧客に理解してもらうことが大切だ」と述べています。

契約後に渡されるある外貨建て一時払い終身保険の約款に、市場価格調整率の例として図表4－3のような表が掲載されていますので、ご紹介しておきます。

この商品の場合は、定額部分の積立金額にＭＶＡをかけると、解約返戻金額が求められます。ただし、この保険は、15年未満はそこからさらに解約控除額が差し引かれます。

金利が上がる（債券価格が下がる）場合、金利が下がる（債券価格は上がる）場合、解約返戻金額が減ったり増えたりすることがイメージできると思います。

2 解約控除とは何か

解約時などに発生する手数料もある

次に、解約控除について見てみましょう。契約後一定期間内(10年未満が一般的ですがそうでないものもあります)の解約時に積立金から控除されるものです。具体例で見ていきましょう。

大手乗合代理店で、「老後資金の一部である1000万円を運用するのに利率のよい商品はありますか」と尋ねて、「米ドル建て利率変動型一時払い終身保険」を紹介されたケースについて見てみます。契約者は56歳男性です。

この保険は、一時払い保険料や保険金の受け取りなどはすべて米ドルで行われ、死亡保障の保証期間は一生涯、契約時の積立利率は10年ごとに見直されるというものです。

1000万円の保険料を一時払いで払い込むと、生命保険会社が決めたドルに交換するレートに為替手数料50銭がプラスされ、1ドル=110・87円で換算されて9万196ドルが基本保険金額(=一時払い保険料)となります(2018年7月の試算)。この保険は、契約時に販売手数料はかかりません。

図表4-4　解約控除率の例

契約日からの経過年数	解約控除率
1年未満	10%
1年以上 2年未満	9%
2年以上 3年未満	8%
3年以上 4年未満	7%
4年以上 5年未満	6%
5年以上 6年未満	5%
6年以上 7年未満	4%
7年以上 8年未満	3%
8年以上 9年未満	2%
9年以上10年未満	1%
10年以上	0%

出所：三井住友海上プライマリー生命保険の資料より

積立利率は、保険関係費用が控除された後の年率2・65%で、10年間保証されます。10年間運用された後の死亡保険金額（保障基準価格）は、11万7159ドルです。これが円に換算されて支払われますので、円建てでいくらになるかはわかりません。

さて、この代理店のファイナンシャルプランナーは、「途中で解約すると損しますので、10年間持ち続けて、次の更新日に解約するといいですよ」と教えてくれました。

契約日から経過10年未満で解約や減額をすると、経過年数に応じた金額が払戻金から差し引かれます。これを「解約控除」といいます。経過年数に応じて、例えば1年未満ならば解約控除率10%などと、積立金額に対して解約控除されます。

一般的には上記のように10年未満で設定されているものが多いのですが、商品によっては、5年未満だと控除されるもの、15年未満だと控除されるものなどもあります。

この保険の場合、基本保険金額（一時払保険料）に所定の

図表4-5　中途解約の場合

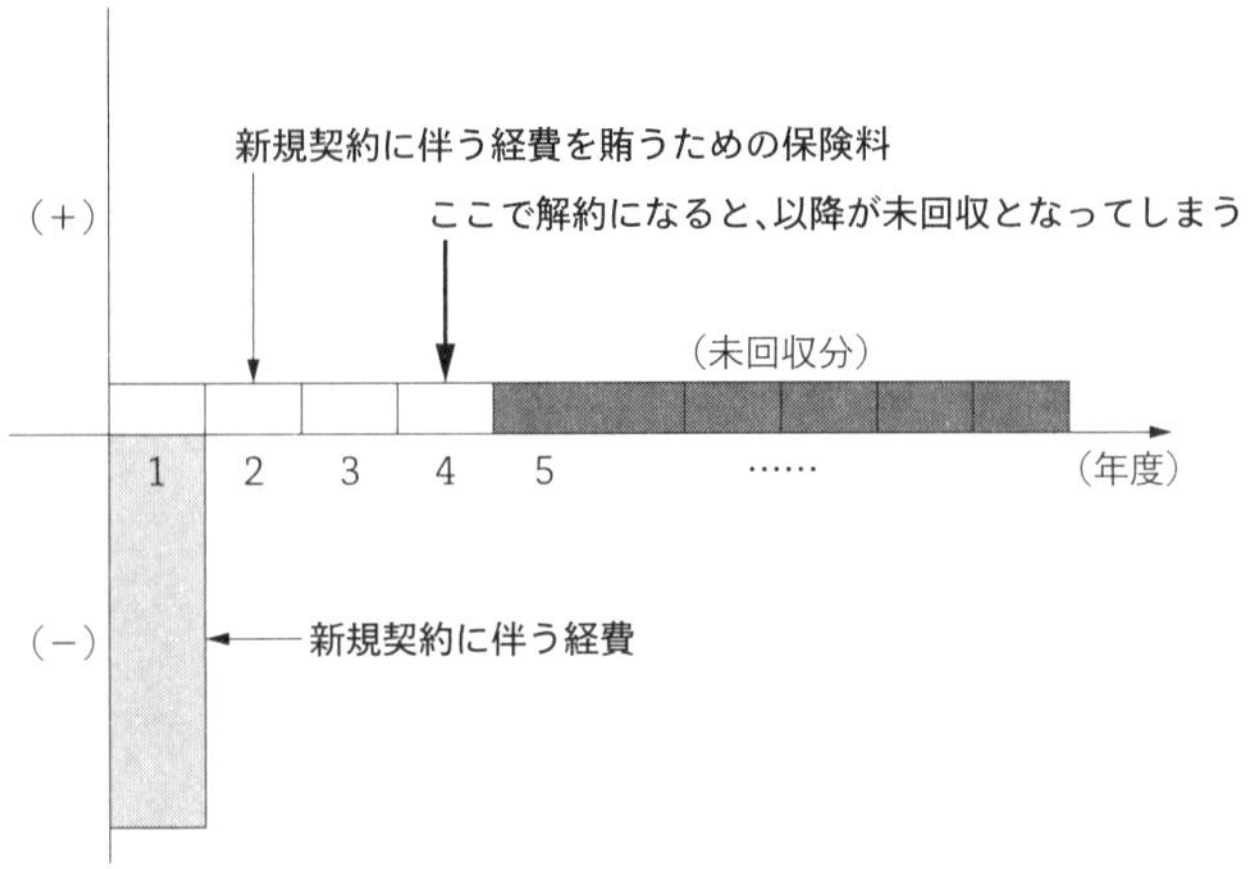

出所：「日本における生命保険契約の解約返戻金について～アクチュアリーの視点から」（H21. 5. 22）上田泰史氏（日本アクチュアリー会正会員）

解約控除率をかけて解約控除額を求めます。例えば、1年以上2年未満の解約控除率は9％ですので、基本保険金額9万196ドルにかけると、解約控除額は8117・64ドルとなります。

このように解約控除がありますので、解約時期によっては、解約返戻金額が一時払い保険料を下回るということも生じます。このFPの言う「10年間は解約すれば損をする」というのはそういう理由です。言い換えれば、「だから10年間は解約しないでくださいね」と、解約を回避させる仕組みともいえるでしょう。

もちろん、これは外貨ベースでの話ですから、たとえ解約控除がかからなくても、為替レートによっては元本割れしますし、仮に、解約控除が差し引かれても為替レートによっては元本割れせずに済む場合もあります。
解約控除は、3章で述べたように、販売した人や組織に手数料を支払うなど保険契約にはコストがかかっているので、契約者都合で解約するなら、その分は被ってねということになるのだろうと推測します。生命保険会社は新規契約費用を、その後の収入保険料で回収していくので、中途解約の場合は未収となる費用を契約控除で回収すべきだということなのでしょう。

わかりにくい損益イメージ

これに対し、「単純にそうとは言えない。解約は、契約者側の都合であって保険会社側の事情ではないし、また、予定解約率を用いた多くの商品では、解約返戻金は給付であって残余財産の返還ではない。さらに、低解約返戻金商品(※)が導入された後は解約控除というものが意味を持たなくなりつつある」という意見もあります。

※低解約返戻金商品とは、解約返戻金額を低く抑える代わりに、保険料を安く設定している商品。例えば、通常の終身保険の解約返戻金を100とすると、低解約返戻金型は解約返戻金をその70%等に設定して、その分、保険料が安くなっている。

いずれにしても、消費者にも理解できるように、保険や解約返戻金の仕組みについてもう少しわかりやすく解説するなど、生命保険業界に啓蒙活動をしていただけるとよいかもしれませ

図表4-6　低解約返戻金商品のイメージ

〈終身保険の例〉

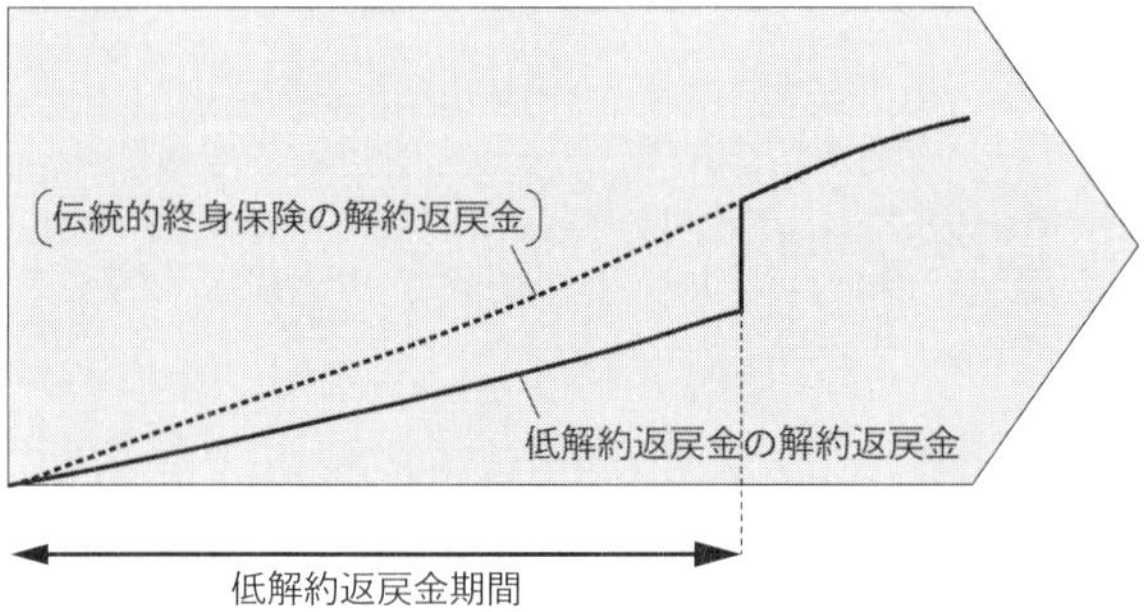

出所：図表4-5に同じ

ん。

そしてもう一点、解約返戻金を受け取る場合、「市場価格調整」や「解約控除」といった消費者にとってのハードルがあるにもかかわらず、例えば「10年間の適用積立利率は2・65％」といった表現がされています。これについて多くの契約者は、「10年間は無条件で実質的に利回り2・65％が保証されている」と考えると思います。セールストークでも、「10年間は最低2・65％が保証されています」と言いますし、保険設計書でもこの利率が10年間適用された前提で基本保険金額が順調に増えていき、10年後はいくらになると書かれています。

でも、実際はどうでしょうか。外貨建ての貯蓄性保険は、先に述べた「市場価格調整」を利用した商品です。一時払いで支払った保険料を、保険

図表4-7　1年経過後、保障基準価格を92,586米ドルとした場合の解約返戻金額の差

金利変動幅	解約返戻金額（米ドル）	金利と為替レートによる円換算の解約返戻金額（円）		
		100.87円（10円円高）	110.87円（契約時と同じ）	120.87円（10円円安）
＋1.0%	71,969ドル	7,259,514円 ▲2,740,486円	7,979,204円 ▲2,020,796円	8,698,894円 ▲1,301,106円
0%	80,302ドル	8,100,063円 ▲1,899,937円	8,903,083円 ▲1,096,917円	9,706,103円 ▲293,897円
－1.0%	88,634ドル	8,940,512円 ▲1,059,488円	9,826,852円 ▲173,148円	10,713,192円 713,192円

出所：ある生命保険会社の保険設計書より著者作成
注：56歳男性、米ドル建て終身保険、積立利率2.65％。一時払保険料1,000万円（90,196ドル〈1ドル＝110.87円〉）

期間と同一の期間の債券で運用をすることを前提にし、契約時と解約時の金利の差による債券の売却損益を解約返戻金に反映する仕組みでした。そして、さらに、保険契約期間が10年未満の場合、経過年数に応じた解約控除率が差し引かれます。

つまり、解約時期が同じでも、金利の変動幅によって、また、為替レートによって、解約払戻金額は変わってくるので、実質利回りも変わってくるということです。

例えば、一時払い保険料1000万円を支払ったこの男性が1年後に解約すると、金利の変動幅と為替によって、図表4－7のように解約返戻金額に差が生じます。元本割れしないのは唯一、円安で金利が1％下落した局面においてのみです。解約控除の影響の大きさがわかります。

解約控除率は、1年経過するごとに1％ずつ逓

減していくので、FPのいうように、10年以上持てば解約控除はゼロになり差し引かれませんが、為替による損益、金利による損益はその後も影響します。そういう意味で、「10年間の適用積立利率は2・65％」は、実質の利回りとは乖離しています。その後、金利の改更日に適用された利率についても金利と為替の影響は同じです。

この保険の場合は、シミュレーションを一覧表にしているので損益をイメージしやすいのですが、そうではないものも多いです。保険設計書（提案書）には、解約控除、市場調整価格、為替レートを加味した利回りもしっかり明記することを必須とすべきではないでしょうか。そうすれば、途中で解約するのがいかに損なのかがわかりますし、契約時に、本当に持ち続けられるのかを考えもするでしょう。解約することにペナルティを支払わなければならない商品、つまり、流動性（自由に出し入れできること、換金のしやすさ）に制約のある場所にお金を置く場合、示された「積立利率」が本当に魅力的なのかを考えると思うのです。

消費者は、保険で貯蓄をすることが経済合理的なのかどうかを冷静に判断することが必要だと思います。

コラム

MVAプラスのケース

Pさん（63歳・主婦）は、保険セールスの人に、世界有数の資源国だからと豪州の魅力を切々と語られ、2011年6月に「豪ドル建ての一時払い個人年金保険」に加入しました。契約日から年金支払開始までの据置期間は10年です。

豪ドル投資は、一時期、金利の高さから人気がありました。その長期金利は、2008年頃のピーク時より随分下がりましたが、2017年までは、私が受ける相談案件にも豪ドル建ての保険は多くありました。

Pさんの一時払い保険料は200万円です。販売手数料はなく、2万3394・55豪ドルが年金原資として運用されます。為替手数料込みで1豪ドル＝85・48円というレートで換算されたと推測できます。

Pさんは購入以来、為替レートが円高豪ドル安になるたびに落ち込んでいたそうです。ようやく円安豪ドル高になり始め、ほっとしていたらまた円高豪ドル安になっていき、今度円安になったら解約しようと心に決めていたといいます。為替レートが気になって仕方がない日常はもう嫌だったそうです。そうして2017年6月、「そろそろ解約したほうがいいと思うのですが」と相談に来られました。

解約返戻金を問い合わせると、積立金は2万9352・43豪ドルでした。契約してから6年ということで、解約控除が205・47豪ドル差し引かれ、さらにここで市場価格調整が入ります。契約当時よりも金利が下がっていたため、債券価格は上がり、730・88豪ドルがプラスされました。豪州は、長期金利がピークの2008年5月（6・5％）から大きく低下していました。

結果、解約返戻金は2万9877・84豪ドルとなりました。換算レート1豪ドル＝84円で計算すると、約250万円でした。

満期まで持ち続ければ豪ドルベースでの積立金は増えます。年金支払開始日時点での為替レートの損益分岐点は65・62豪ドルです。もちろん為替が今後どうなるかはわかりませんが、解約控除はなくなります。「持ち続けることを検討されてはいかがですか」と一応お話ししてみましたが、Pさんは、「2000年始めは1豪ドル＝60円台だったし、もうドキドキしたくない。これだけ増えていたら十分」ということで解約を選びました。

過去の豪ドル／円レートを眺めていると、契約した時期によって悲喜こもごもという結果になるなぁとつくづく思います。保険を博打とは考えたくないですが、外貨建ての場合は、その要素は十分にある気がします。

Pさんの加入した豪ドル建て個人年金保険は、最初に販売手数料がかからなかったことで、年金原資（年金の支払いのもとになる積立額）が大きく減額されて運用がスタートすることがありませんでした。また、解約時に、契約時よりも豪州の金利が下がっていたことで、債券価格が上がり、MVAでプラスの調整がされました。それらが功を奏し、高コストでありながら、結果的にはプラスになりました。

生命保険は流動性が制約される

解約を検討する場合、ひとつの目安として、「為替水準がいくらだったら、支払保険料を下回らないのか」ということがあります。いわゆる損益分岐点のレートはいくらかということです。

これは、「保険料の円換算額÷外貨での解約返戻金額」で出すことができます。これを計算して、契約時に円を外貨に換えた時の為替レートと比較して、損しないかどうかを確かめてみるのは、ひとつの判断材料です。

例えば、保険料の円換算額が300万円で、外貨での解約返戻金が3万9000豪ドルの場合、損益分岐点のレートは76・9豪ドルとなります。

仮に、解約返戻金額が円で支払った保険料を下回るようでしたら、一時払い保険の場合はすでに保険料は支払っているので、とりあえずは満期まで持ち続けるという選択もあるでしょう。その間、運用や保険のコストはかかりますし、その後の為替レートもどうなるのかわかりませんが、少なくとも解約控除はかかりませんので、差し引かれるコストは多少抑えることができます。また今後、損をしない為替レートになるかもしれません。

ただ、今すぐお金が必要になったりすれば、そんな悠長なこともいっていられなくなります。そのようなことにならないように、「生命保険は流動性が制約される」ということを覚悟して加入することが必要です。一時払いの貯蓄性保険は、契約したら満期まで持ち続けることが基本です。途中で解約しなくてもよいようによく考えて加入しましょう。

また、個人年金保険の場合、一時受け取りか年金受け取りかを選べますが、年金管理手数料がかかりますし、受け取りの都度、為替手数料もかかります。さらに為替次第というリスクもあります。一括受け取りにすると、年金受け取りよりも外貨建てでの受取金額は少なくなりますが、一括受け取りのほうが無難かもしれません。満期保険金を一時金で受け取った場合は、利益に対し、一時払いの特別控除額50万円が差し引かれさらにその2分の1に対して課税されるという優遇もあります。くわしくは8章をご覧ください。

人生100年時代といわれ、長い老後の生活費は誰もが心配するところです。個人年金保険は公的年金を補完する目的で加入する人が多いですが、商品内容をよく確認して、自分のニーズに合った商品を選ぶことが大切です。なお、多様化する個人年金保険について7章に整理していますので参考にしてください。

3 手数料はコストである！

このほかにも、消費者に説明を要する手数料はいくつかあります。1章であげた諸費用や為替手数料です。

先の56歳男性の場合、保険料を支払う時には、円を外貨に交換するための為替手数料が1ドルにつき50銭上乗せされており、10年間持ち続けて解約する時は、外貨を円に交換するための為替手数料1ドルにつき50銭が引かれます。往復1円です。

この為替手数料は、片道1銭から50銭まで各社様々です。「為替手数料が安いからこの生命保険会社の商品がお勧めです」と説明されたこともありますので、競争力のひとつとしている生命保険会社もあるようです。

以上のような手数料は、顧客には見えにくい部分でしょうし、一度説明されたくらいではなかなか理解できないと思います。確かなことは、市場価格調整も解約控除も為替手数料も、消費者にとってはコストだということです。つまりはコストの分、運用成果は削がれてしまうということです。

では、1章の「ここが危ない① 貯蓄性の保険商品の大きな欠点はコストの高さです」を、ここで詳しく見てみましょう。Aさん（女性・52歳・会社員）の加入した一時払い米ドル建て個人年金保険は、最初に販売手数料が7％引かれ、運用中は、保険契約関係費用が年率1・85％と資産運用関係費用が年率0・2％の合計2・05％が差し引かれるという、契約者にとって大きな負担のある商品です。

世界経済が低成長化して、期待リターンが低下している状況で、年率3％の運用を目指すのなら、ある程度株式の比率を多めにしてリスクをとらなければ実現しづらい時代です。例えば、年3％のリターンからコストとして2・05％も削られてしまえば、実質利回りは0・95％です。これでは契約者の資産はなかなか増えません。

日本経済新聞社の田村正之氏は、「最近の投資信託は当初の販売手数料ゼロで、年のコストが0・2％程度ですむものも多く出ている。1000万円をこの2つの商品で運用した場合、20年で600万円強もの差になってしまう。さらに保険商品では運用終了後もさらに年金管理費用などが引かれ続ける。差はさらに大きくなってしまう」といいます。

図表4－8をご覧ください。元本1000万円を年率3％で運用した場合、①販売手数料がゼロで、信託報酬が0・2％の投資信託と、②販売手数料が7％控除され、コストが年率合計

図表4-8　元本1000万円、年3%で運用できた場合の差は

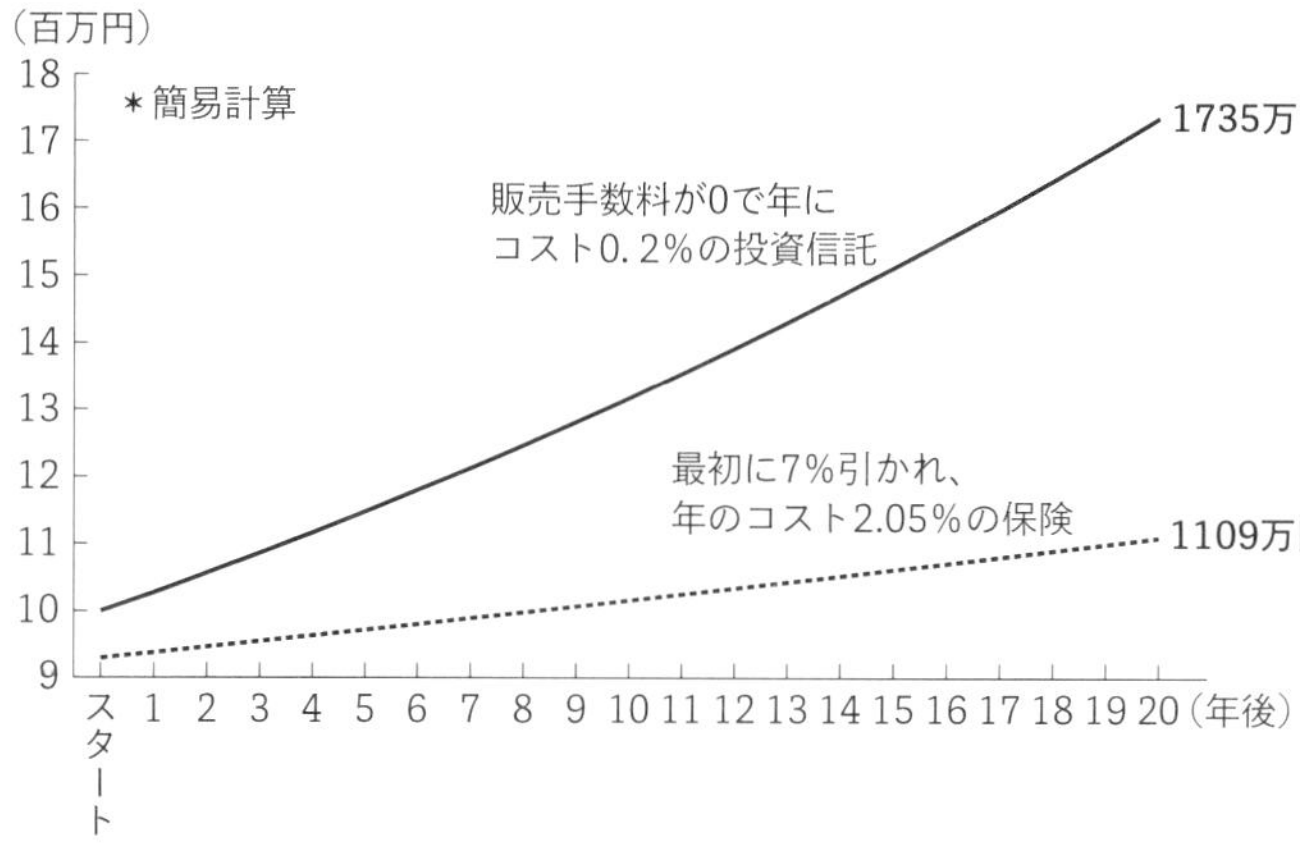

出所：日本経済新聞社・田村正之氏作成

2・05%差し引かれる一時払い米ドル建て個人年金保険の運用成果の比較です。為替手数料は入れていません。

運用成果について、この一時払い米ドル建て個人年金保険は、最終的に、年金原資と基本保険金額のいずれか大きいほうの120%を受け取れるという保証がありましたが、この試算通りの場合は1・109倍しか増えないので年金原資の120%が適用されることになります。

いかがでしょう。各時期の資産はコストを差し引いたものなので、コストが小さいほど資産の増え方は複利効果で大きくなります。

そして、残念なことですが、買い手の損は売り手の儲けになっているということは事実なので、コストが大きい商品は、生命保険会

社が売りたい商品でもあるのです。消費者は正しく商品性を理解することが大切です。やはり、自己責任ということは免れないと思います。

実は、先日、ある生命保険会社のセールスをしている方から、「今、円建ての学資保険は、販売しても手数料は60〜200円しかもらえないのです（保険金額で差が出るそうです）。だから、外貨建てを売らざるを得ないのです」と聞きました。顧客のところに何度も足を運んで、保険金額200万円、300万円の学資保険を売ってもわずか200円程度のキックバックしかないなんて、どうやって生活していくんだという気持ちになりますよね。

外貨建ての保険の販売手数料のうち、どのくらいの割合がセールスの方に支払われるのかは、商品によって違うそうですが、仮に50％がキックバックされるとすれば、保険金額1000万円で販売手数料が7％なら、35万円です。200円しか入らない学資保険より売りたくなる気持ちはわかります。外資系の生命保険会社のセールスは完全歩合制が多いと聞きます。死亡保障が不要な単身者などにも運用・資産形成目的で案内するなど、「顧客本位よりも何を売るか」という発想になるのも仕方ない事情があるのだろうと推測します。余計なお世話ですが、「顧客本位の業務運営に関する原則（フィデューシャリーデューティー）」を考えるにあたり、報酬体系の見直しは必要なのではないでしょうか。

先日、金融庁に、「生命保険会社の人は、顧客ニーズに沿ってわかりやすい商品を開発し、高齢者にもわかりやすいパンフレットを作って販売しているとおっしゃるのですが、私のところに相談に来られる人のほぼ100％が、外貨建て貯蓄性商品の内容について正確に理解していません。でも、理解できなくても仕方がないという商品内容の複雑さを感じます。使われている用語も会社独自のものや難解なものがあり、非常にわかりにくいです。また、そのことを指摘すると、生命保険会社の人は、何度も金融庁に足を運び、ようやく認可をもらったのだから、後から文句をいわれても困るというようなこともおっしゃっていました。新商品の認可のプロセスとはどういうものでしょうか。また、どういう点をポイントに認可をされているのでしょうか」と問い合わせをしました。

金融庁からの回答は、「商品については、商品設計者の意図を尊重するが、認可は保険数理上、妥当性があるなどの基準によって判断している。顧客にとって理解が難しい仕組みであれば、それを流通段階で顧客に説明して理解してもらうべき。販売者は、顧客に理解されるまで徹底的に説明をして、そのあとのフォローアップもしてほしい」ということでした。決して、金融庁に認可されているから顧客にとってよい商品であるという意味ではないということでした。顧客本位という点については8章で改めてご提起したいと思います。

第5章 本当に儲かるのか

1 日本の国力低下＝円安は本当か

国力より「購買力平価」

外貨建て貯蓄性保険について繰り広げられる数々のセールストークについて、具体的に見ていきたいと思います。

1章の3②のケースで、シングルマザーのBさん（女性・43歳・自営業）は、大手保険代理店の女性FPに、「今後、人口の減少で経済成長率も下がり、政府債務残高の多い日本の国力は低下していく。すると円は弱くなる。代わりに強い豪ドルを持ちましょう」と、一時払いの豪ドル建て終身保険を勧められました。「日本の国力が低下すると円安になる」という話はもっともらしく聞こえるのか、外貨建て保険を売る時のセールスの常套句になっています。でも、国力が低下すると為替も弱くなるというのは本当なのでしょうか。

日本経済新聞社の田村正之氏は、「為替を動かす要因は期間によって異なる。短期から数年では金利差の影響が大きいが、個人の資産形成に大切な長期の為替変動について説明力が高いのは2つの国の物価差、つまり購買力平価だ。一方で、国力と為替には明確な関係はない」といいます。

「購買力平価」という言葉を初めて聞く方もいるかもしれませんので、簡単に説明します。

購買力とは、その通貨がモノを買う力です。インフレ率の高い国の通貨は、だんだんと買えるモノが少なくなっていき、価値が下がります。例えば、リンゴ1個が1ドルだったのが、10年後に2ドルに値上がりしていれば、1ドルのモノを買う力は半分になったことになります。

外国為替相場は、結局は2つの国の通貨の交換比率なので、インフレで価値の下がった国の通貨はいずれ為替レートが下落します。つまり、インフレの国の通貨は下がりやすく、日本のようにデフレが長く続いた国の通貨は上昇しやすいということです。

そして為替相場は、2つの国の物価水準が同じになるところが適正な水準となり、これを「購買力平価」と呼びます。

図表5－1は、世界経済・市場アナリストで、ブーケ・ド・フルーレット代表の馬渕治好さんの算出した米ドルと円の購買力平価です。

図表5-1　米ドル相場（対円）と購買力平価

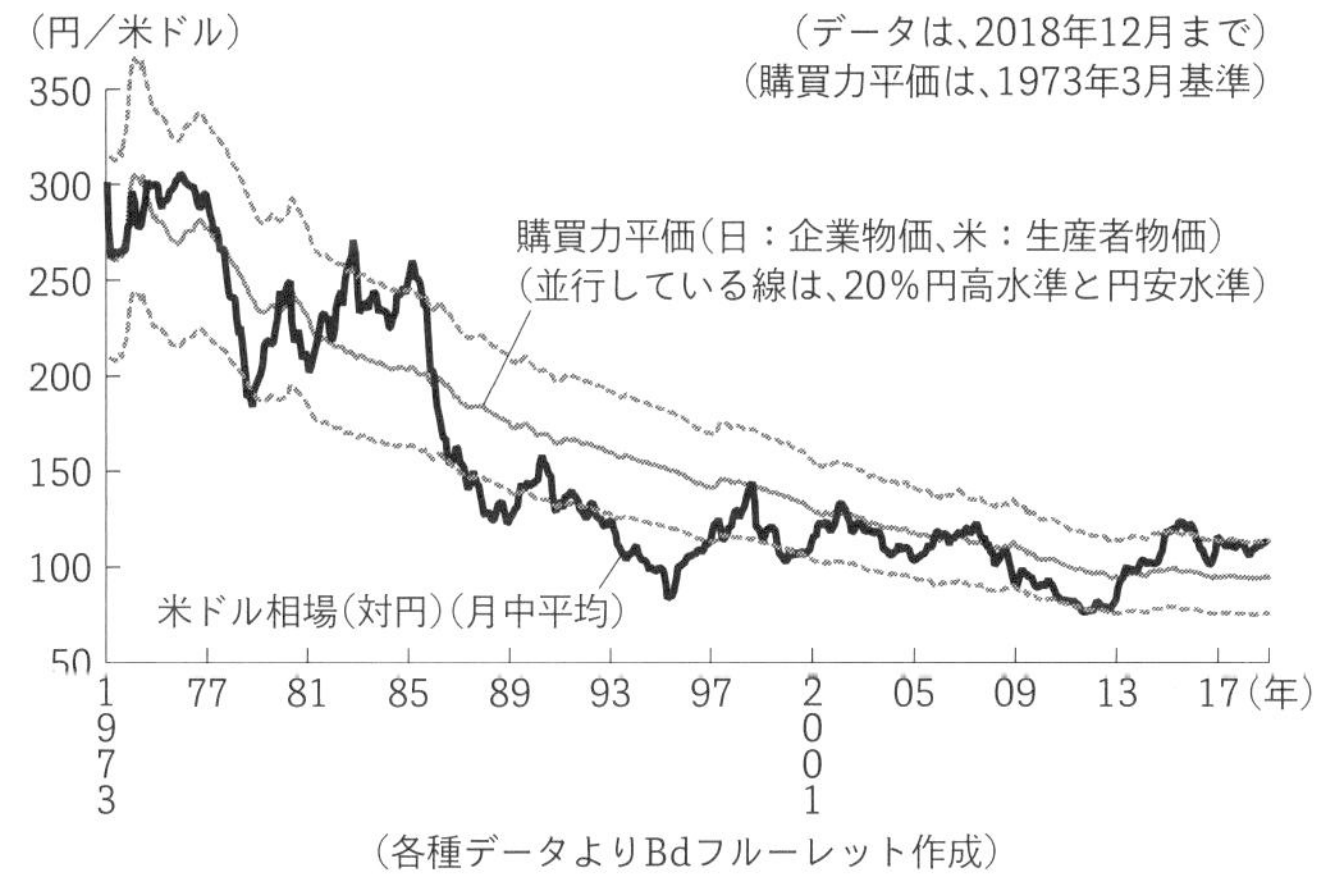

（各種データよりBdフルーレット作成）

出所：『投資のプロはこうして先を読む』（馬渕治好著、日経プレミアシリーズ）81ページの図を、馬渕氏が更新したもの。

グラフの上に行くほど米ドル高・円安になります。真ん中の線が、馬渕さんの算出した購買力平価です。購買力平価の上下にある2本の線は、購買力平価より2割円安の線（上）と2割円高（下）の線です。

馬渕さんは、「相場というものはしばしば行きすぎるので、実際の円相場が2割上や下の線からはみ出したことはあったが、特に上の線については、実際の円相場が大きく長く超えたことはない。つまり、購買力平価と実際の円相場の当てはまりは長期的には優れているといえる」と述べています。今後も日本のインフレ率が他国より低いなら、相対的に円の価値は上がり続けます。絶対にないとはいえないかもしれませんが、少なくとも、「日本の国力が低下してどんどん円安になっていく」ということではないのです。

為替の論点には政策決定の問題もあるでしょう。実際、黒田東彦日銀総裁の「異次元の緩和」で日本の金利を押し下げ、急激な円安になりました。実は異次元緩和の前は、円は購買力平価に比べ割高な方向に乖離していました。

政策要因は大きいけれど、やはり基調はインフレ率格差であり、その理論値から乖離している時にそれを解消するための政策決定があると大きく効くということではないかと思います。

過去、長く円高・ドル安傾向が続きましたが、それは、米国のインフレ率が日本より平均的に毎年2％前後高い状況が続いたからです。

つまり米ドルのモノを買う力が、インフレによって円に対して平均的に年に2％前後ずつ落ちてきた。為替レートはそれを反映して、長期では円高ドル安が続いてきたということです。

短期でみるか、長期でみるのか

このことがわかると、国の金融政策もわかってきます。田村氏は、「実は、黒田総裁の下で日銀がインフレ率2％という目標にこだわるのも、他の先進国のインフレ目標が2％前後だからだ。仮に日本だけ1％でいいと宣言してしまうと、毎年日本円のモノを買う力が差し引き1％ずつ上がってしまう、つまり長期的な円高をもたらしてしまうという背景がある」と指摘します。

日銀は金融政策を為替政策に使うと米国ににらまれるのではっきりとはいいませんが、2018年の2月、副総裁の雨宮正佳氏が講演で「なぜ2％にこだわるのか」に関し、少し遠回しな言い方ながら、このことを話していますのでそのまま紹介します。

「（前略）ここで重要なことは、主要な先進国の中央銀行が、物価安定の定義として、2％をほぼ共有しているということです。（中略）関係国が同じ物価目標を共有し、同じような物価情勢を実現することは、長い目でみた為替相場の安定に繋がるからです。為替は、短期的には様々な要因で変動しますが、5年、10年という長い期間でみると、関係国の物価の差に応じてトレンドが決まってきます。いわゆる『購買力平価』という考え方です。したがって、グローバル・スタンダードである2％を目指すことは、為替の安定を通じて、企業経営や経済全体の安定を実現するうえで非常に重要なことだと考えています」

要するに、先ほど説明した「日本だけ低い目標にすると、モノを買う力が日本だけ相対的に下がらないことになって通貨価値が上がり、円高になってしまう。それを防ぐためにも日銀は努力している」ということを少し遠回しに説明しています。

さて、為替の変動要因として短～中期では金利と書きました。これもまた正しいと思います。通常、インフレ率が高い国では経済が活発、あるいは過熱気味であるので、金利も高くなっています。金利が高い国の通貨のほうが儲かりやすいので、短期的には高金利の国の通貨は買われるわけです。

しかし「インフレ≒高金利」で通貨価値は下がっているのに短期的には買われるという逆の状態にあり、いわば歪みが起きている状態です。それは永続せず、いつか何らかの機会に為替が下落します。要するに「インフレ≒高金利」の国は、短期的には為替が上がっても長期では下がりやすいわけです。田村氏は、「このように短期と長期では為替変動をもたらす要因が異なることを知っておかないと外貨投資で間違いやすい」と指摘します。

金融機関の窓口の人の多くは、高金利＝通貨高という短期のセオリーしか教えられておらず、長期では高金利通貨が下落しやすいことを知らないまま、顧客に善意で高金利商品を勧めていたりします。顧客のほうが賢くならなければなりません。

気付かれたくない？　本当のリスク

さて、話を戻します。Bさんが加入した時の為替レートは、1豪ドル＝86円でした。豪州の物価は、過去20年間の平均で、日本より年2・5％高い状態だったそうです。

あくまで今後もそれがずっと続くとすれば、という前提ですが、その場合、豪ドルの価値は長期では平均2・5％ずつ円に対して下がることになります。現在86円とすると、購買力平価が示す20年後の理論値は、１豪ドル＝52円です。20年後の解約返戻金額が豪ドルベースで１・5倍になったとしても、円に直せば４５０万円程度に減少してしまう計算です。実際に過去20年、豪ドルの購買力平価は１９９８年の１豪ドル＝１３０円から２０１８年には同78円に円高となり、豪ドルの対円相場もほぼそれに沿った動きをしています。

田村氏は、「もちろん為替レートが必ず購買力平価の理論値になるわけではないし、時期によっても上下に大きく振れる。しかし、インフレ率格差が続くのであれば、長期ではこうした大幅な円高・豪ドル安になるリスクも考えておくべきだ」といいます。

Bさんは、加入時の為替レートで換算した金額で約７７５万円になるというセールストークに乗せられて契約しましたが、大きな流れとして豪ドル安・円高が進むことで、円ベースではマイナスになる可能性も大いに考えられます。

1章の3の「ここが危ない② 外貨建て保険の怖いところはコストだけでなく将来の為替がわからないこと」（27ページ）というのは、そういうことなのです。

この為替リスクについて、パンフレットや設計書に記載されてはいますが、小さな文字で、漠然としていてわかりにくいのが現状です。金融庁にそう伝えたところ、「保険商品自体が難しいので、パンフレットでの説明の仕方は大事である。為替変動等の各種リスク等の記載などわかりにくく、パンフレット等募集資料の改善を求めている」と述べています。

「単に為替リスクがありますと書くと、上がる確率と下がる確率があるので中立のように見える。本当なら、『金利が高い国はインフレ率が高いので、長期でみれば通貨価値が下がる。高金利の通貨は、長期では名目為替レートは下がることが多くみられる』と注意喚起すべきだ」（田村氏）。ぜひ、消費者にわかりやすい説明にしていただきたいと思います。

2 高成長の国は通貨が高くなるは本当か？

では、さらに、「ここが危ない③　高成長の国は通貨が高くなるは嘘」について見ていきましょう。

子供が生まれたのを機に、外資系生命保険会社に就職した大学時代の先輩から、「まだまだ人口が増えて、経済成長をする米国に投資すべきだ」と平準払いの米ドル建て養老保険を勧められて契約したCさん（男性・30歳・会社員、1章3、29ページ）

この、「高成長の国は通貨が高くなる」という言葉も、営業の現場では非常によく使われます。

田村氏は、「例えば20年前の1998年ごろ、ドル・円レートは1ドル＝140円程度だった。その後、日本の経済成長は米国を下回ったままだ。では、経済成長が大きかった米ドルが

図表5-2　経済が低迷した日本円は20年で逆に上昇した

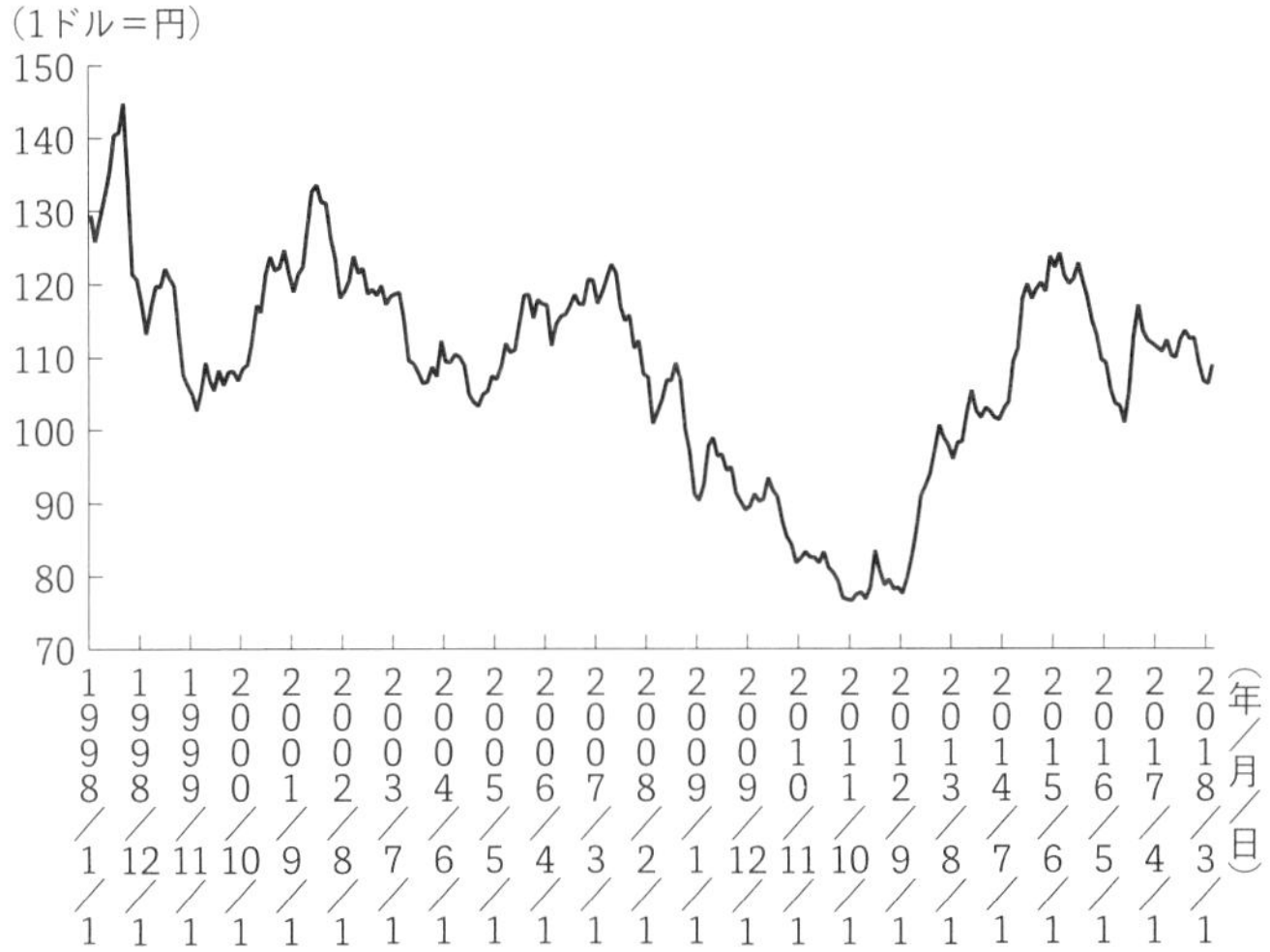

出所：日本経済新聞社・田村正之氏作成

上昇したかというと、最近では、1ドル＝110円程度に逆に円高・ドル安が進んでいる。もう少し細かく見ると、民主党政権下で経済が低迷した2012年ごろまでは円高が加速し、アベノミクスでやや上向いた2013年以降は逆にやや円安に戻った。経済成長＝通貨高という説明にかなり無理があることがわかる」といいます。

「日本は国力が低下するから円安になる」「高成長の国は通貨が高くなる」というセールストークは、イメージ的には「いかにもありそう」なのですが、データを見ると正しくないのです。「外貨の魅力」などと題したパンフレット類も多数、販促ツールとして使用されていますが、その文言を鵜呑みにして、外貨を持たなくては！　外貨建て保険を買おう！　と考えるのは、少々短絡的かなと思います。

外貨ベースでは確かに、「高金利通貨」はおトクのように見えますが、外貨建て保険で積み上げていった積立金等は、一般的には、いつかは日本円に戻すことになります。前述したように、高金利通貨は多くの場合、その国の物価上昇率が高いということなので、長期に渡って物価が上昇すれば（インフレになれば）、その国のお金の価値は低下していきます。もちろん時期によっても違いますが、「インフレ率が高い国の通貨は長期では下落する」という法則を知っていれば、「高成長の国は通貨が高くなる」というのは嘘だということがわかります。

外貨に投資をするのは、将来、インフレになった時に購買力を維持するうえでも必要ですが、外国為替は円と交換する時の値段が変動しているだけで、金利は生むものの、それ自体が価値を生み出しているわけではないのです。つまり、全体の資産の一部に外貨建てのものを持つことは大切ですが、それは単純に外貨を持つということではないのです。

田村氏は、「例えば世界全体の株式に幅広く長期投資した場合は、長期で企業価値が大きく高まることで、通貨下落を補ってあまりある収益を得られることが多くみられてきた」と言います。

資産運用の大前提は、何がいつ上がるかわからないので、幅広く分散しておくことです。しかし高コストな外貨建て保険を使う必要はなく、低コストのインデックス投信で海外株に幅広く投資することがまず優先されます。

消費者心理として、価格が変動するリスクが嫌だけれど、高い利回りは欲しい。だから保険のように元本の安心が謳われた商品に魅力を感じる、ということでしょうが、どういう形で元本の安全性が担保されているのかをぜひ考えてください。外貨建ての貯蓄性保険の表面利回りだけを見ないで、中途解約をすると解約控除があるし、為替の影響があるということなど、商品性について正確な理解をすることが必要です。

第6章 外貨建て変額保険の問題点

1 販売側が謳うメリットは本当か？

魅力的な利率を保証

4章で、MVAは解約時の積立金を調整するもので、契約者にとって、プラスに働くかマイナスに働くかは金利次第、今後、金利上昇時には、契約者が痛みを引き受けることになるということを述べました。

しかし、ある生命保険会社の人は、外貨建て一時払い貯蓄性保険について、「確かに、外貨建ての貯蓄保険は、MVAはあるけれど、一般の人が米国の国債を直接買えるわけではないし、証券会社を通したりすると、国債の購入の際にアップフロントフィー（Up-front Fee：購入時に支払う手数料のこと）が取られる。それに比べると、保険であれば、保障もついて、米国債とほぼ同じくらいの利率の驚異的な商品だ。保険会社の事業費等のコストを抜いた後で一見損をしているように見えるし、さらに、外貨ベースというリスクも感じられると思うが、魅力的な利率を保証している」といいます。

このコメントで述べられている「魅力的な利率を保証している」という点について考えてみたいと思います。

外貨建ての一時払い貯蓄性保険は、一般的に、定額部分を外国政府の発行する債券等で運用し、運用期間一定の利率保証期間があります。そして最初の利率保証期間が終了した段階で、支払った保険料を外貨ベースで最低保証しています。この運用部分に、外貨建ての死亡保険を組み合わせています。ですから、保障にかかわる部分のコストと運用の最低保証や様々な運用コストがかかるので、二重に手数料がかかります。結果、コスト分、運用成果を下げてしまうことになります。

さらに、これは直接的なコスト比較ということではありませんが、クレジットリスクという観点では、生命保険会社と国債発行主体である国とでは当然信用度合いが異なりますので、保険会社の信用リスクの評価も本来加味すべきでしょう。したがって、これらのリスク評価とともに、運用が関わる問題ですから、時期的な事柄も評価しますと、本当にお得な利回りを提供しているのかな？　と思います。

実際の比較をしてみると

仮に、ネット証券などを通じて自分で米国債を買って、10年間持ち続けた場合と比べてどうなのかを考えてみたいと思います。

56歳男性が加入した「米ドル建て一時払い変額終身保険」と比較したいと思います。この保険は、1000万円を一時払い保険料として払い込みます。1ドル＝112・97円（為替手数料込み）で換算され、積立金額（基本保険金額）は8万8520・00ドルです。運用部分のうち15・9％に当たる部分は変額部分として投資信託などで運用され、残りの84・10％が定額部分という商品ですが、まずここでは、定額部分についてみていきます。定額部分の積立金は、7万4445・32ドルです。

定額部分の、積立利率は1・75％で、この利率の保証期間は10年間で、

$$88{,}520.00\times84.10\%\times(1+0.0175)^{10}=88{,}548.58\text{ドル}$$

になります。

商品比較は同時期の金融商品でするべきなので、日本経済新聞社の田村正之氏に、この男性が買ったのと同じ商品の2018年10月現在時点での販売条件と、同月に証券会社で期間10年1カ月の米国債（10年ぴったりの商品がなかったためですが、1カ月の差なのでほぼ同条件）を買った場合とを比べてもらいました。

図表6-1　米国債での運用と変額保険の定額部分の差

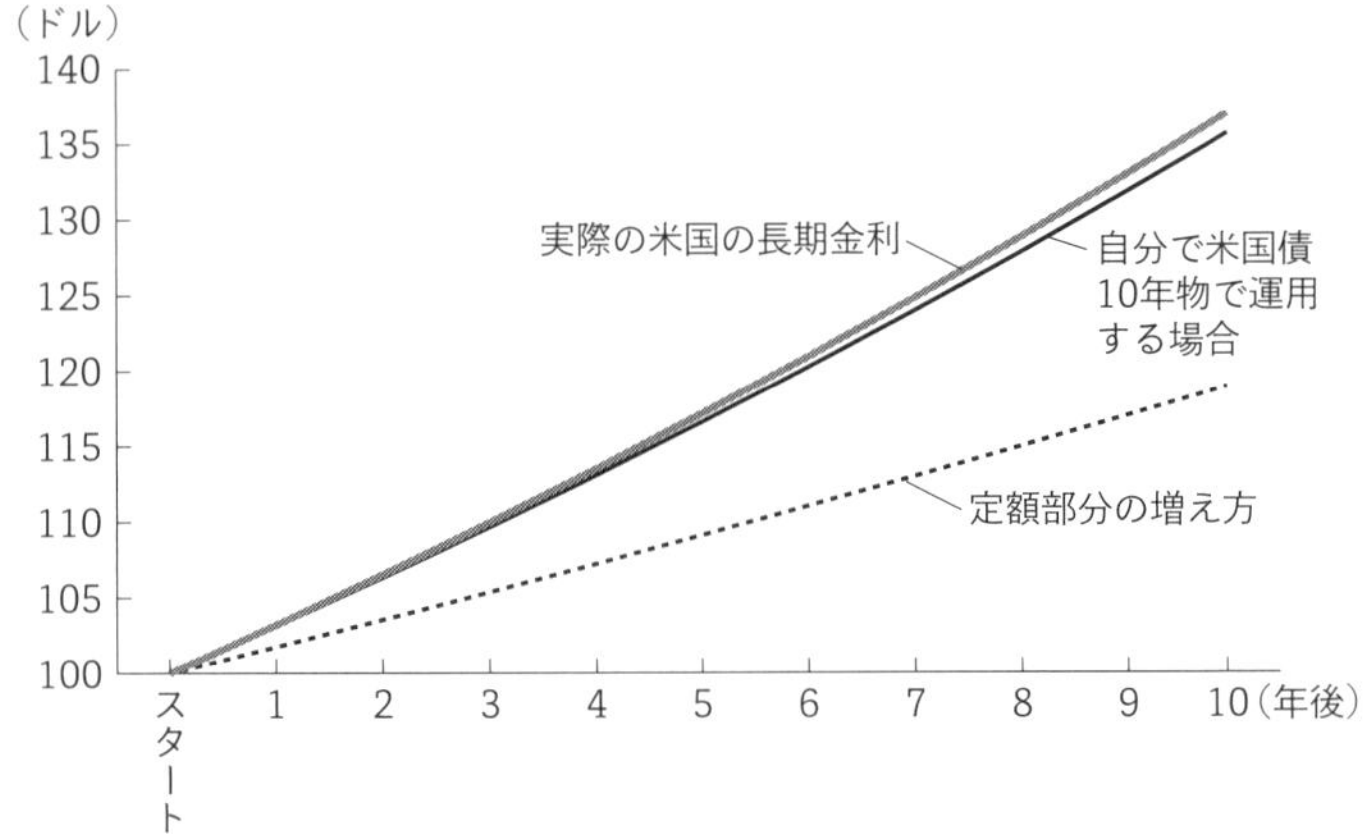

出所：日本経済新聞社・田村正之氏作成
注：2018年10月下旬時点の条件で比較

この一時払い終身保険の定額部分の積立利率は２０１８年10月で年１・75％ですから、１００ドルを10年間運用すると約１１９ドルになります。為替が一定であれば２割弱増えるわけです。

「いいな！」と思うかもしれませんが、同じ月に証券会社で売られている期間10年１カ月の米国債の利率は３・１％。１年間運用すると約１３６ドルになります（図表６―１参照）。

この時点で米国の期間10年の金利は３・２％だったので、米国債も年０・１％のコストを抜かれている計算です。しかし、一時払い終身保険の利率との差をコストとすると年１・35％ものコストがかかっていることになります。このコスト差が、10年後には大きな成績の差として表れるというわけです。

同時期、同期間の米国債と比べると、この商品の予定利率は決して高くありません。保険代理店によると「他の商品と比べても利率はいいです」ということなので、他の商品はもっと悪いということでしょう。

確かに保険の機能は付いているのですが、亡くなった時点で、当初の払込額またはその時点での運用成果を反映した額が死亡保険金として戻ってくるだけです。

例えば自分で投信を運用しても、その時点で金額が増えていればそれがそのまま遺族のものになるので、運用で増えているのであれば保険であろうが投信であろうが同じです。

要するに、運用が不振で減っていた場合、投信なら減ってしまった金額しか遺族に残りませんが、この保険商品なら払い込み金額が戻ってくるという程度のものです。

この点、一般の死亡保険に入ってすぐ死亡すると、保険料の何千倍もが戻ってくる本来の保険機能とはまったく異なります。そうした薄い保障機能のために、何割もの運用益を失う意味があるかどうか、よく考えてみるべきだと思います。

ただし、アクチュアリーの山内恒人氏の指摘では、「薄いというのは少し誤認があるように思う。薄い保障しか提供していない商品構成だと死亡コストはそれほど取っていないので、これほどの利率の差を説明することはできないだろう。それでは、この差は何に起因しているのかということだが、ひとつは最低保証費用、一律の死亡率などだが、それよりも恐らく金利の移動平均により3年から5年程度の平均値をとっているのではないかと考えられる。またドルの国債（treasury bond）はボラティリティが大きいのも要因かと思う」と述べています。

2 消費者の立場から考える

では、消費者の立場から考えてみましょう。

多くの人は、高いといわれる利率に魅力を感じ、「貯蓄性」を期待して契約しています。それは、販売側が、「貯蓄性」をアピールして売っているケースが非常に多いからです。1章でご紹介したような、「資産が円だけだとよくない。分散する必要がある。高金利の外貨建てで効率的にお金を増やしましょう」という趣旨のセールストークが様々に繰り広げられています。

この「資産の分散」について、日本経済新聞社の田村氏は、「資産の一部を外貨建て資産で持つことは大切」といいます。

日本は少子高齢化で低成長である一方、世界全体としては、今後もより大きな成長が見込めます。成長率と期待収益率は必ずしも正確に連動しないのですが、長期でみればより大きな経済成長の外国株式のほうが報われることが続いてきました（為替では高成長の通貨が高くなるとは必ずしもいえず、混同しないようにしてほしい）。

「しかも、今や株式の時価総額で日本は世界の7％程度にすぎない。世界全体からみればほんの一部に集中投資するのは大きなリスクだ。株式を中心に世界全体に幅広く投資することは大切」（田村氏）。

数十年の長期では、円安が起きて輸入物価が高くなることもリスクとしてはあり得ます。その際、外貨建て資産を持っていれば円安で値上がりしていますので生活が苦しくなることを防げます。これは円安の可能性が大きいといっているわけではありません。老後までのとても長い期間のうちには、円高でも円安でもどっちに転んでもいいように備えておく必要があり、円安になって円の価値が下がった際にも大丈夫なように、外貨建て資産を持つことが大事だということなのです。

でも、あえて保険で外貨建て資産を持つ必要はありません。8章でご紹介しますが、特別な知識を持たなくても、誰でも簡単にできる長期の資産分散を低コストで行える合理的な運用方法があります。

貯蓄性を期待して、運用目的で外貨建て保険を購入する必要はないのです。

3 一時払い外貨建て変額保険は儲かるのか

一度増えたら減らしたくないというニーズに応える？

引き続き、男性の勧められた「一時払いの米ドル建て変額終身保険」についてみてみます。外貨建ての貯蓄性保険は、変額保険も定額保険もともに死亡保障と運用商品を組み合わせた、いわばパッケージ型の商品になっていますが、変額保険は、運用部分が、さらに定額部分と変額部分に分けられています。

定額部分は、外国政府が発行する債券等で運用し、運用期間終了後は、支払った保険料を外貨ベースで全額最低保証し、変額部分は、元本保証のない投資信託などで運用します。受け取る保険金額は定額ではなく、運用次第で金額が変わります。

このような外貨建ての変額保険は、最近よく売れている商品です。詳しくは150ページをお読みください。

変額部分について詳しくみていきます。この保険は、到達目標設定型（ターゲット型）というタイプのもので、一時払い保険料の110％、120％などの目標値を設定し、一定期間経過後に、あらかじめ設定した目標値に達した場合は、外貨建てでの運用はストップして円建てで運用実績を確保し、一般勘定へ移行して円建て終身保険とすることができます。

そのため生命保険会社は、「増やしたい、一度増えたら減らしたくないというニーズに応えた商品」だといいます。設定した目標額に到達しなくても、一時払い保険料（基本保険金額）は外貨ベースで元本保証されます。

一時払い保険料を日本円で1000万円支払い、1ドル＝112・97円（為替手数料込み）で換算すると、一時払い保険料は8万8520ドル（運用期間は10年）でした。

変額部分と定額部分の比率はいくつかの選択肢から選ぶことができますが、男性は運用目標額を120％の1200万円としたので（円建てで設定する仕組みです）、一時払い保険料の15・9％分の1万4074・68ドルを変額部分で、残りの84・1％分の7万4445・32ドルを定額部分で、それぞれ運用することになります（なぜこの比率になるのかは特に説明がありませんでした）。先に述べたとおり、定額部分の積立利率は、10年間1・75％、10年後の積立利率適用期間満了時には、変額部分は運用実績によって変動しますが、定額部分は8万8548・58ドルになります。

シミュレーションはあくまでバーチャル
男性に示されたシミュレーションは、図表6－2のようになります。

図表6-2　定額部分は積立利率1.75%で10年間運用し、10年後の積立利率適用期間満了日、積立金の全額払い出しを行った場合の支払額と返戻率

変額部分の運用年率	10%	0%	−10%
定額部分の解約金返戻額（米ドル）	88548.58	88548.58	88548.58
変額部分の解約金返戻額（米ドル）	36506.1	14074.72	4907.54
合計（米ドル）	125054.68	102623.3	93456.12
返戻率（%）	141.2	115.9	105.5

出所：ある生命保険会社の保険設計書より筆者が作成

保険設計書には、変額部分の年率のリターンが10%、0%、マイナス10%の場合の3種類が示されています。年率10%（コスト控除後）を10年間出し続けるというのは相当難しいと思うのですが、「ご参考」として「返戻率141・2%」と、明記されていますのでそのまま掲載します。

絵に描いた餅…ではありますが、これを達成したとしても、さらに為替次第というハードルが待っています。

「年率10%のリターン」という想定では、為替レートの損益分岐点は、支払保険料1000万円を積立金の受取額12万5054・68ドルで割ると、79・96円と出ます。男性は、「今後円高になったとしても、為替が1ドル＝79・96円までは損しない」とFPに説明され、「下手に投資信託を買うより、元本割れもしないしいいのではないか」と思ったそうです。

しかし、前述したように、将来、為替がどうなるかはわかりません。しかも、保障部分と運用部分にはそれぞれ費用がかかります。これまでみてきたように、コストの影響は十分に考慮すべきです。

そこで、自分で、国内外の株式投資信託などで運用し、必要ならば安い掛け捨ての保険に入る場合と比べてどうなのかを検証してみたいと思います。というのも、「平成27事務年度金融レポート」（67ページ、https://www.fsa.go.jp/news/28/20160915-4/01.pdf）にも、「このパッケージ商品（変額保険のこと）を構成する外国債券と投資信託、（掛け捨ての）死亡保険を別々に購入・契約することでも、このパッケージ商品と同等の経済効果を得ることができる」と書かれていますし、私も全く同意見だからです。

同じ程度の運用成果を得られるように、外国債券と低コストの投資信託、そして、保険料の安い掛け捨ての死亡保険を組み合わせた自前のポートフォリオを作り、この外貨建て変額終身保険と経済効果について比較してみたいと思います。

定額部分の運用利率年1・75％は時期が似た米国債の3・1％を大きく下回ることは、先にみた通りですが、今度は金額ベースでグラフにしています（図表6－3）。定額部分に割り振られた7万7445ドルが8万8548米ドルに増えますが、米国債であれば当初の同額が10万1023ドルに増えます。

図表6-3　米国債での運用と変額保険の定額部分の差

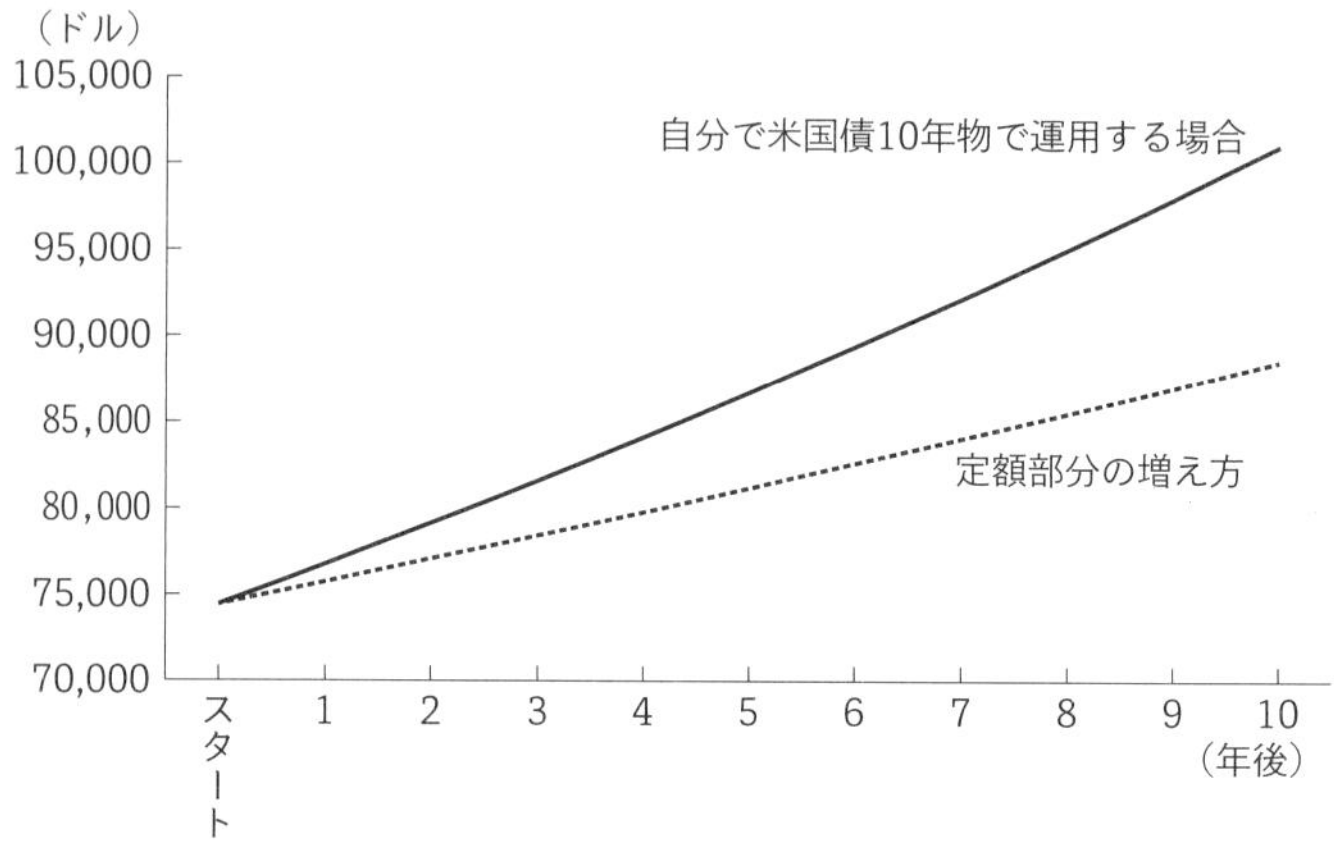

出所：日本経済新聞社・田村正之氏作成
注：2018年10月下旬時点の条件で比較、簡易計算

次に変額部分です。この保険では、日本を含めた世界全体に幅広く投資します。そこで年10％でまわった場合と0％の場合、マイナス10％の場合とに分けて表示しています。ただし、この保険の変額部分はコストが年2・05％もかかります。この3つの表示利率はコストを引いた結果であり、本来の成績は年12・05％、2・05％、マイナス7・95％というわけです。しかしこの3つの成績はそもそもバーチャルなもので、これに基づいて考えることに意味はありません。

結局、自分で運用したほうがおトク？

まずは、一般的に妥当だと思われる世界全体への株式の長期の期待収益率をベースに運用できたと考え、そこから変額部分のコスト2・05％を引くケースと、投信でのより小さなコストの場合を比較すべきでしょう。

世界全体への長期リターンは様々な考えがあるので、ここでは公的年金を運用する年金積立金管理独立行政法人（ＧＰＩＦ）の日本株、海外株の期待利回り（２０１７年度末、円ベースの市場参考ベースという基準）を使ってこの保険の資産配分に近づけた加重平均の期待利回りである年4・37％を前提にします。国内外に幅広く投資すれば、これくらいの利回りが期待できるということです。

保険会社ならＧＰＩＦよりうまく運用できるとはいえないので、大本の運用成績は同じとみましょう。差として生じるのはコストの分です。コストは確実な差となって、リターンに影響してきます。4章で述べたように、なるべく低コストの商品を選んで運用することが資産形成では大切なポイントになります。

最近、世界の株価指数に連動するインデックス型の投資信託で、保有期間中ずっとかかる信託報酬が年に0・1％台のものも数多く出ています。ただ、信託報酬以外の監査費用や海外資産の保管費用がかかることもあるので、ここでは低コスト投信のほうの実質総コストを年0・3％として試算してみます（実際にこれくらいの実質総コストで世界全体に投資できる低コスト投信はたくさんあります）。

図表6-4　低コスト投信での運用と変額保険の変額保険での運用の差（ドルベース）

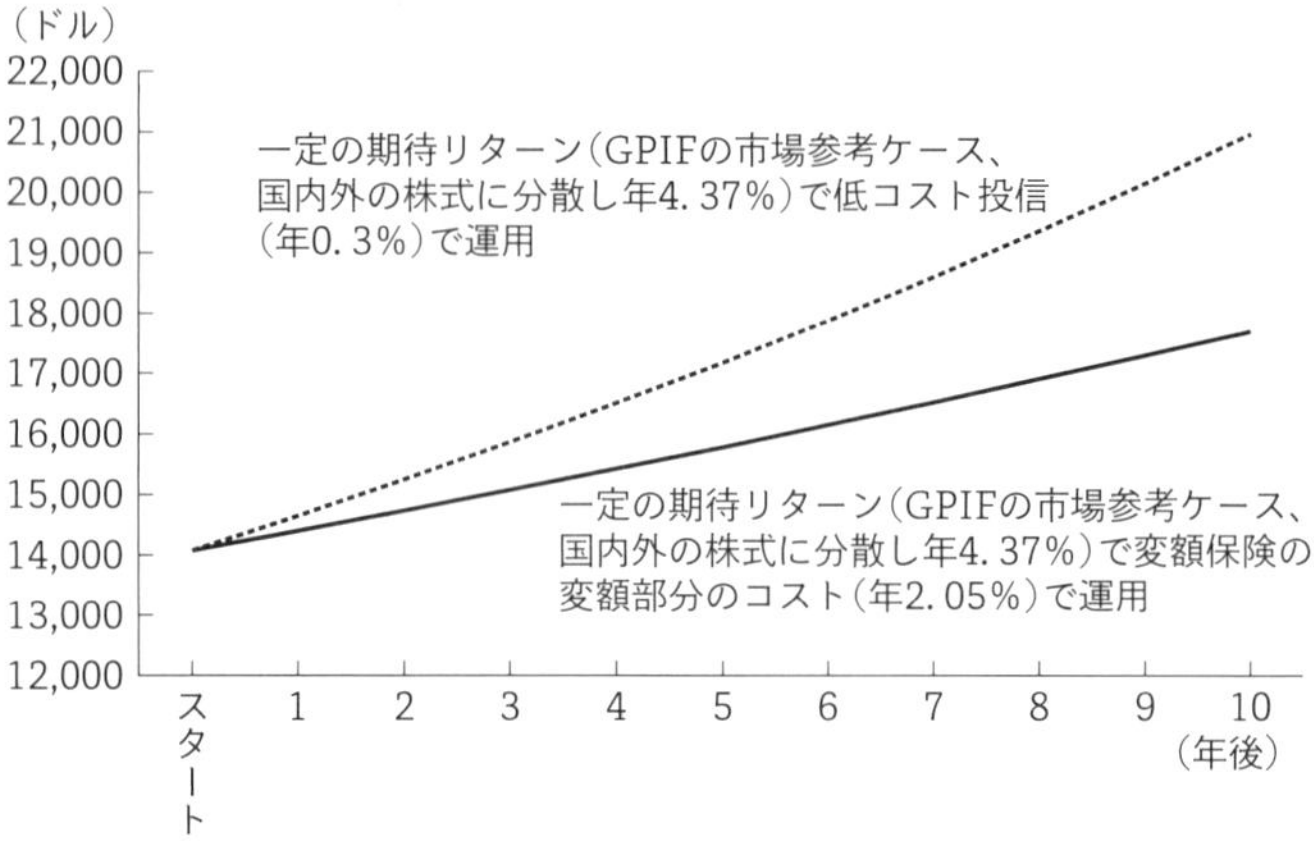

出所：図表6-3に同じ

一方、変額部分のコストは年2・05%でした。どちらも成績が年4・37%として、この2つのコスト差を反映させて資産の動きを示したのが図表6－4です。

もとの変額部分への配分の1万4074ドルが、世界の株価指数に連動する低コスト投信なら2万969ドルに増えるのに対し、変額終身保険での運用では1万7698ドルにとどまります。

定額部分と変額部分を加えたこの変額終身保険合計での資産の増え方と、米国債券と低コスト投信を加えた自分での運用での資産の増え方を合計したのが、次の図表6－5です。

自分での運用なら12万1990ドルになったはずが、変額終身保険では10万6250

図表6-5　自分で運用するのとどちらがおトク？

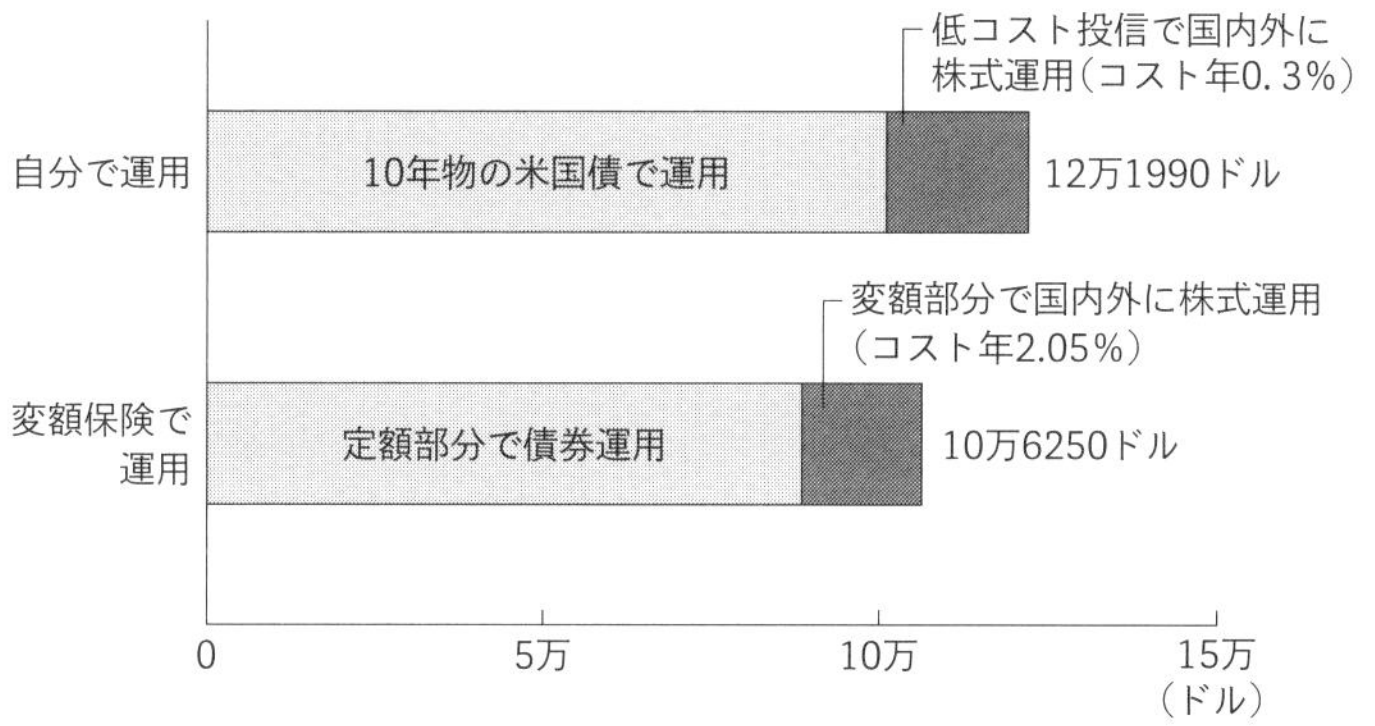

出所：図表6-3に同じ

ドルにとどまっています。

先ほどの10％（コスト込みなら12・05％）で増えるとした〝机上の空論〟の計算なら、総額が12万5054ドルに増えていたので、受け取り時の為替レートが、1ドル＝79・96円より高くならない限り元本割れしないはずでした。

しかし、GPIFの想定する期待リターンと年2・05％のコストで変額部分を運用した場合は、定額部分と合わせて10万6250ドルにしか増えないので、受け取り時の為替が94・1円（50銭の為替変換コストを含めると94・6円）より円高になると、円ベースでは元本1000万円を下回ってしまいます。

「国際通貨研究所が計算する2018年10

月時点での購買力平価は1ドル＝96円（1973年を基準にして日米物価差を反映させた標準的な考え方のケース）だ。2018年10月現在は米国の利上げ期待で1ドル＝113円台と理論値より円安で推移しているが、長期的には為替は理論値に戻る傾向がある。

今後も米国の物価上昇率が日本より高い場合、米ドルの価値は相対的に円より下がるので、長期では理論値自体がさらにドル安・円高方向に動くことになる」（日本経済新聞社の田村正之氏）。

10年後に1ドル＝94・6円より円高になっている可能性は相当あると考えておいたほうが無難でしょう。

ちなみに自分で運用した場合の12万1990ドルなら、1ドル＝82円まで円高にならないと元本割れしません。

保険機能があっても……

保障と運用のパッケージ商品となっている外貨建て貯蓄性保険の保障は、外貨ベースでの一時払い保険料相当額が最低保証されていて、亡くなった時点で、その時の時価で積み上がった資産が戻ってくるというものです。一般の平準型の死亡保険なら、もし契約した1年後に死亡したとして、たとえ1年分しか保険料を支払っていなくても、契約時の保険金額が支払われますが、貯蓄性保険の場合は、保険本来の「大勢の人が公平に保険料を負担し合っていざという時に給付を受け取ることができる相互扶助の仕組み」とは違います。その時に積み上がっている資産が戻ってくるというのであれば、投資信託を持っていたとしても同じことです。

資産価格が下がった場合でも、外貨ベースでの一時払い保険料相当は保証されているのだから、下落した場合、保証のない投資信託より安心なのではないかと思われるかもしれませんが、保険契約の目的が貯蓄なら、コストが高すぎて運用成果を損なってしまっていますねというのは、先に述べた通りです。やはり、これまでみてきたような一時払いの商品で死亡保障が積立金と払込保険料のいずれか高いほうとなっている貯蓄性保険は、「保険」という皮を被った運用商品であるのだということを認識したほうがよさそうです。

なるべく低コストの商品を選んで運用することが資産形成では大切なポイントになりますし、低コストの商品を選んで持つことで、より効率的な運用を実現することができるのです。

「平成27事務年度金融レポート」に、「比較的単純な商品を個々に提供することで、より低コストで同じ経済効果が得られる選択肢があるにもかかわらず、顧客に対し、そうした情報提供を行わないまま、商品構成が複雑なパッケージ商品を提供し、高い手数料を徴収するといった行為は、顧客のニーズよりも、販売・製造者側の論理で金融サービスを提供しているのではないかとの見方ができる」と記されていることを付け加えておきます。

×　×　×　×　×

さて、この男性ですが、死亡保障には別途加入済みなのですが、子供が就職した今、その必要性もなくなり、年内にも現在契約中の生命保険を解約しようと考えているとのことでした。つまり、もう保障は必要ではないのです。目的は「運用」のみですから、そもそものスタートから間違っていたというべきでしょう。

当然ながら、生命保険以外の選択肢を持たない（売っていない）保険代理店ですから、「貯蓄性保険」以外の代替案を期待することはできませんので、足を運んだ先が間違っていたということです。

昨今、大型保険代理店は、テレビＣＭにも力を入れていることもあり、身近な存在となっているようです。店舗も多く、気軽に相談に行く人も増えています。でも、生命保険の目的はあくまで「保障」であるということを今一度認識してください。貯蓄性を求めるにはコストが高すぎること、もっと低コストで運用する方法があることを知ってください。保障と貯蓄は別に考えることが大切です。

第7章

すでに契約してしまった保険はどうすればよいのか？

これまで外貨建て保険についてみてきましたが、すでに契約した保険についてどうしようかと悩まれてしまった方も多いのではないでしょうか。実際、私が連載を持っているメディアに外貨建て保険についての記事を書くと、「私も同じケースです。この保険はどうしたらよいのでしょうか」という相談が増えます。悩んでいる人はたくさんいるのではないかと推測します。

そこで、本章では保険契約の見直しについて考えていきたいと思いますが、見直しをする場合は、契約の目的や資産状況、今後のお金の流れなどを含めて総合的に考える必要があります。どう考えるのが資産形成をするうえで合理的なのか、いくつかの具体的事例を紹介しながら私の考えを述べてみたいと思います。また、みなさんに商品理解を深めていただくために、保険商品内容についての解説、さらに、正しい資産形成の方法や考え方をお伝えしていきます。

1　老後生活のための資産運用が目的の場合

まずは、1章で登場いただいた3人のケースについて、その後に行った解決策をご紹介しましょう。

銀行の窓口で「一時払い米ドル建て個人年金保険」に加入したAさん（女性・52歳・会社員）は、シングルで、自分にもし何かあった時、経済的に困る人もいないので保障は必要ありませんでした。今後は、ご自身の老後のために、物価上昇についていけるくらいの運用ができればよいと考えています。

相談の手順は、まず、今の時点で老後生活費はいくら確保できているのかを試算します。Aさんは、65歳の定年までまだ13年ありますので、生活費が足りなければ、今後積み増していくことが可能です。老後の生活費がいくらになるかは、「老後設計の基本公式」を使えば、誰でも簡単に試算できます。計算の方法は、163ページで詳しく紹介しています。

一般的には、老後の収入の柱になるのは公的年金です。公的年金は、一生受け取ることができるので心強い収入源です。多くの人は、公的年金とそれまでに貯めたお金を取り崩しながら生活することになります。

図表7-1　老後設計の基本公式

$$\text{取崩可能額(d)} = \frac{\text{保有資産額(A)} - \text{年金額(p)} \times \text{未年金年数(a)} + \text{働く収入(w)} \times \text{働く年数(b)} - \text{最終資産額(H)}}{\text{想定余命年数(n)}}$$

$$\text{年間支出(y)} = \text{年金額(p)} + \text{取崩可能額(d)} \qquad \text{月間支出}(y_M) = \text{年間支出(y)} \div 12$$

注：詳しい考え方は第8章で説明します

Aさんは、「老後設計の基本公式」から、公的年金と現時点での資産を取り崩していくことで、65歳以降95歳までの毎月の生活費として約16・5万円を見込むことができるとわかりました。これには、加入した「一時払いの米ドル建て個人年金保険」で受給できる年金額も加算しています。将来、為替レートがどうかはわかりませんが、試算するに当たり、2018年11月のレート1ドル＝113円で計算しました（為替手数料や年金管理費用は加味せず）。為替によって円ベースの受取額が変わるので、16・5万円は、将来、減ることも増えることもあります。これを覚悟したうえでこの保険を持ち続けることもひとつの選択肢でしょう。

しかしこれまでみてきたように、外貨建ての貯蓄性保険は、為替リスクのほかにも時間価値の問題、コストが高いこと、必要のない保障を含んだパッケージ商品であることなどを考えると、解約するという選択肢もあると思います。保障の必要性のないAさんにとって、もっとシンプルでコストの安い

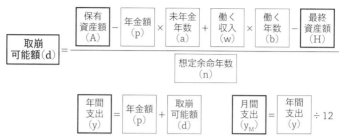

もので資産を運用していったほうが合理的だからです。

もう一度、この商品内容を確認してみましょう。

一時払い保険料は15万ドル（契約当時1ドル＝115円で換算すると約1725万円）でした。初期費用は7％で1万500ドル（約120万円）でしたので、年金原資（年金の支払いの元になる積立金額のこと）は13万9500ドル（約1600万円）です。改めて、契約した途端に1割近くのお金が差し引かれてしまうというかなり割の悪い高コスト商品であることがわかります。

年金額は4967・88ドルを年12回払いで受け取ります。その都度、為替手数料などのコストがかかります。受取期間37年の返戻率は122・54％と記されています。これは、これまで説明してきたように、外貨ベースでの保証です。

実は、この商品、1章では割愛しましたが仕組みが非常に複雑です。契約日より最短2カ月後から年金受け取りが可能というタイプの保険です。ただし、年金受け取りをするには、毎回、自分で設定した為替ターゲットより円安の場合という条件があります。

Aさんが加入した時、為替レートは1ドル＝115円（為替手数料込み）だったのですが、為替ターゲットを116円に設定しているため、116円より円安になり、契約から1年経過後の2年目と3年目に合計100万円ほどの年金を受け取ったそうです。もちろんこの年金の

図表7-2　分配金の影響

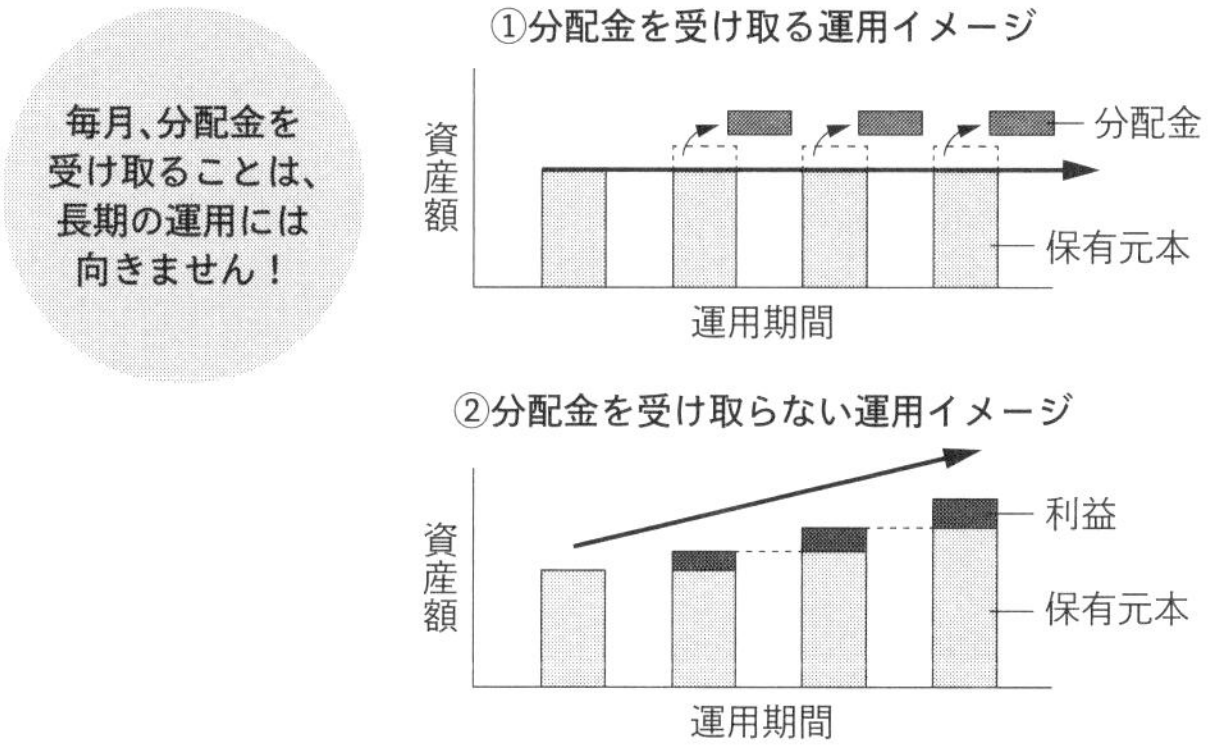

②のように、分配金を受け取らずに運用を継続すると、運用で得られた利益がさらに運用されることで、**利益が増幅していく効果（複利効果）**が期待できます。
複利効果は投資期間が長いほど**大きく**なります。

出所：金融庁「つみたてNISA早わかりガイドブック」6ページより作成

出所は自分が支払った保険料です。つまり、お金の置き場所を銀行口座から保険に変えただけのイメージです。その際、年金の受取額に対して手数料として1・4%と為替手数料1ドルにつき50銭が差し引かれました。Aさんは銀行の窓口で、「毎月のお小遣いの足しになりますよ」と勧められたので、年金を受け取ることが正しいように考えていたといいます。

しかし、資産を増やしていくには、「適切に分散して、低コストの商品を使って長期で運用していく」ことが大切です。この長期というのは、複利の効果を活かせるということです。複利については149ページのコラムをお読みください。毎月分配型の投資信託といって、毎月分配金を受け取る仕組みの商品がありますが、この保険も同じような仕組みといえるでしょう。

分配金を受け取らずに運用をすれば、運用で得た利益をさらに運用していくことで複利効果（利益が増幅する効果）を期待できたかもしれませんが、年金を受け取っていたのでは、複利効果は期待できません。「たられば」の話にはなりますが、複利やコストについて正しく理解をしていれば、結果的に元本を取り崩すだけの商品に疑問を持ったかもしれません。また、もう少し為替ターゲットを円安に設定しておけばよかったのかもしれませんが、年金を受け取る度に手数料がかかるのは変わりません。

Aさんは、解約すると、解約控除を差し引かれるうえ、契約時より円高になっているので、初期費用も含め、３７５万円ほどの損が出ます。しかし、Aさんは解約することに決めました。その理由は、元本を15万ドルとして、年金の受取総額18万３８１１ドルを運用年数37年として平均利回りを出すと約０・61％にしかならないからです。為替次第では円での受取額が増えることも減ることもありますが、これだけの運用成果を受け取るためにかける費用を考えると、運用商品としてよいとは思えません。５章で、国内外に幅広く投資すれば年４％超の利回りを期待できると述べましたが、利回りという共通の尺度で比較すれば、この商品の利回りに魅力がないことがわかります。

この保険の年金は定額（定額年金）ですので、これ以上、外貨ベースでの年金額が増えることもありません。もし、89歳を過ぎて長生きすれば、受給年金額が増えて、結果的に、その分利回りが上がる可能性もありますが、2章で述べた時間価値なども考えると、そこに期待するのもどうかと思います。

Aさんは、サンクコスト（すでに支払ってしまって取り戻すことのできない費用〈コスト〉）にこだわって、今後増えないばかりか、為替次第では減る可能性もあるところにお金を置いておくよりも、資産形成するためにもっとふさわしいお金の置き場所に移すほうがよいとの結論を出しました。

解約返戻金は、市場価格調整がされて1250万円でした。金額だけみると胸が痛みますが、37年間、コストを払いながら外貨ベースで利率0・61％のところにお金を閉じ込めておくことの損失を考えました。少しでも早くお金の置き場所を変えて、合理的な資産形成をしていくほうがよいでしょう。

その後、Aさんが実行したお金を増やす仕組みづくりの具体的手順は171ページで紹介しています。

2 保障も資産形成も必要な場合

次は、大手乗合代理店で「一時払いの豪ドル建て終身保険」を契約したシングルマザーのBさん（女性・43歳・自営業）のケースです。契約者貸付で借り入れが200万円もあります。借り入れたままにしておくと、積立利率よりも高い、年率4・34％もの利息を支払い続けなくてはなりません。仮に、貸付金を返済しない場合は、将来、保険金を積み立てている責任準備金から貸付金が差し引かれて保険金が支払われます。ひとつ付け加えておきますが、契約者貸付（保険会社から解約返戻金の一定範囲でお金を借り入れできることができる制度）で借りているのは、保険金支払いのための契約者全体の共同の準備財産です。ですから、借り入れをした契約者が、毎月の保険料を支払っても、借入金返済に自動的に充てられるというものではないので、返済が必要です。

さて、Bさんの状況を整理して考えましょう。まず、5歳のお子さんを持つBさんにとって必要なのは、万一の時のための保障を持ちながらお金を貯めていくことです。現在預金額は50万円ほどです。自営業ということもありますので、何かあった時に困らないように、せめて生活費の1年分くらい300万円程度の貯蓄はなるべく早く作りたいものです。

万一に備えての死亡保障ですが、現在、Bさんが加入している「一時払いの豪ドル建て終身保険」の保険金額は、約14万6000豪ドルですので、為替によって変動はありますが、現在のレート（2018年11月）1豪ドル＝83円で計算すると約1200万円です。お金を増やすことを目的に考えると高コストで効率がよいとはいえない「一時払いの豪ドル建て終身保険」ですが、終身保険として保障についてみると、81ページで、利率の低い円より割安で（あくまで外貨ベースの話ですが）保障を持てると考えることもできると述べました。Bさんも、加入時、死亡保障金額が、一時払い保険料500万円の約2・5倍になることに魅力を感じました。

ただし、為替リスクがあるのは前述の通りですし、掛け捨ての定期保険ならばもっと安く保障をもつことができます。例えばアクサダイレクト生命の「定期保険2」に、子供が大学を卒業するまで（Bさんが60歳まで）、死亡保険金額1200万として加入すれば、月額保険料は2566円です。これに入り直し、豪ドル建て終身を解約し、貯蓄をしたほうが経済合理的です。Bさんは、13年後にはお子さんが進学時期を迎えます。「一時払いの豪ドル建て終身保険」が、先のFPのいうように、大学進学時にうまく円安になっているかどうかはわかりません。この保険は20年間利率が保証されていますが、為替レートをみつつ、世の中の金利が上昇し、契約時の利率に魅力がなくなれば解約するなどタイミングを計らなくてはなりません。つまりは外貨建て保険でお金を増やすというのはそういうことなのです。

Bさんは、20年後の解約返戻金が約775万円（返戻率155%）というのが保証されたものではないことがわかり、解約することにしました。借入金が清算されて、解約返戻金は約230万円程になります。流動性（いつでも出し入れ自由なこと）を重視すべき時期であったのに、流動性が制限される保険を買ってしまった間違いが引き起こした結果です。

Bさんは自営業でシングルマザーという立場で頑張っているので、まずは何にでも自由に使えるお金をある程度貯めておくことが大切です。生活費のせめて半年、できれば1年分くらいの預貯金があると、精神的にも楽になりますし、また借金をしてしまうという悪いループに陥らなくてすみます。実は、ある程度の預貯金がないと、ちょこちょこカードローンで借入をしたりして、気がついたときには借入金額が膨らんでしまうというケースは多いのです。また、こんな状況で病気にでもなったら大変だと医療保険に加入したりして、さらに毎月の固定費を増やしてしてしまう、ということにもなりかねません。万一の場合に備える資金として、すぐ使えるように、流動性の高い預貯金口座にある程度のお金を置いておくことは必要なのです。

Bさんも、先のAさんと同じように、お金を増やす仕組みづくりを実行すべきです。

3 子供の大学資金を積み立てていく場合

3つめは、子供の大学の資金を積み立てていくために外資系生命保険の営業職員から「平準払いの米ドル建て養老保険」と円建ての「学資保険」を買ったCさん（男性・30歳・会社員）のケースです。このほかにも死亡保険と医療保険を契約し、毎月の保険料は約4万円です。また、夫婦で毎月合計4万円の奨学金の返済もあり、保険料と合わせると月8万円になり、結果、貯蓄ができない状況に陥っています。

まず、保険ですが、契約したのは2018年7月です。加入してまだ3回分しか保険料を支払っていないこともあり（2018年10月現在）、私は解約を検討するのがよいと考えます。これまで支払ってきた12万円の保険料は高い勉強代と思って諦め、保障と貯蓄は別々に考えて、お金を貯めて増やす仕組みを作り、1日も早く正しい方法で資産形成をスタートしましょう。

Cさんご夫妻もお子さんがいるので死亡保障は必要です。しかし2人は共働きです。それが何より大きな保障ですので、それほど大きな金額の保障を持つ必要はないでしょう。

死亡保障の持ち方としては、夫婦2人で家計を支えているので、それぞれが加入する必要があります。夫が亡くなった場合よりも妻が亡くなった場合のほうが社会保障が薄いということもありますが、しかし万一のことを考えすぎるよりも、保険料負担は最小限にして、しっかり貯蓄をしていくことを優先すべきでしょう。安い保険料のネット生保で定期死亡保険にそれぞれ1000万円ずつくらい加入すればよいのではないでしょうか。ただし、保険を変える場合は、新しい保険に申し込んで審査が終わり、保険会社から承諾されて契約上の責任が開始されてから、現在の契約中の保険を解約するようにしてください。

Cさんがネット保険のライフネット生命で、1000万円の死亡保険に期間20年で入った場合の保険料は月1419円、妻（29歳）も同じく1000万円の死亡保険に加入すると1035円です。年間保険料は夫婦で2万9448円です。

次に、医療保険について考えます。

民間の医療保険に加入する前に、まず、公的医療保険制度である健康保険について知りましょう。通常、私たちが病院にかかったときの窓口での自己負担は3割ですね。さらに、医療費が高額になった月は、「高額療養費制度」が利用できます。

例えば、医療費が1月で100万円かかったとしても、（標準報酬月額28万円以上53万円未満、総所得金額210万円超600万円以下の場合）窓口負担は3割の30万円です。そのうちの21万2570円は「高額療養費」として払い戻しが受けられますので、実質の自己負担額は8万7430円です（年齢および、所得状況等によって異なる）。また、健康保険組合のなかには、独自の給付（付加給付）があり、自己負担額がさらに軽減される場合もあります。このように手厚い保障がありますので、病気になったとしても、ある程度の預貯金があれば心配する必要はありません。

また、Cさんご夫妻は2人とも正社員ですので、病気や怪我で長期間仕事を休むことがあっても、まずは会社の年次有給休暇が使えます。さらに仕事ができない状況であれば、健康保険から「傷病手当金」が受け取れます。傷病手当金は、病気休業中の本人とその家族の生活を保障するために設けられた制度です。うつ病や精神疾患も対象になります。平常時の標準報酬日額の3分の2を最長1年6カ月間受け取ることができます。支給要件は、①業務以外の事由による病気や怪我のための休業（業務中の怪我などは労災の対象になる）、②仕事に就くことができない、③連続3日間を含み、4日以上仕事に就けなかった、④休業した期間について給与の支払いがない、あっても傷病手当金の額より少ない場合はその差額分が支払われます（最長1年6カ月）。その後障害が残れば、公的年金の「障害年金」の対象となる可能性があります。このようにセーフティネットがありますので、医療保険の必要性は少ないのではないかと思います。それよりもしっかり貯蓄していくことを考えるべきでしょう。

ただ、自営業者の場合は、傷病手当金が受けられませんし、障害年金も障害基礎年金のみしか受給できませんので、私的保険の必要性が増すことは確かですので、貯蓄がしっかりできることを優先して、必要な保険を検討するとよいでしょう。

保険は、もしものことが起こった場合に、経済的に大きな損失があり、生活が困窮してしまうなどのリスクを回避するために入るものです。貯蓄で賄うことができる医療費などを補填するために高い保険料を支払って保険に入る必要性は極めて低いでしょう。保険が支払われるためには、その保険がカバーする支払い事由に該当しなくてはなりませんから、保険は、自由に使える預貯金とは違います。保険料の支払いの負担が大きすぎて貯蓄ができないということにならないように注意しましょう。

Cさんは、これからしっかり資産形成をしていく必要がありますので、大きな固定費となる保険料は極力抑えたいと考え、医療保険の加入はしないことにしました。結果、全てを解約し、これまで毎月4万円も支払っていた保険料は、新しく契約したネット生保の保険料約2454円になりました。残りの3万7546円を貯蓄にまわしていきます。

Cさんも、先のAさん、Bさんと同じく、お金を増やす仕組みづくりを実行していきます。そうなのです。人によってお金を増やす仕組みづくりが違うかといえば、そんなことはありません。金融機関などで、あたかも自分にとって最適な、あるいは特化した商品、方法を勧めてもらえるようなセールストークがあったりしますが、そんなことはありません。年齢やバックグラウンド、条件などにかかわらず、合理的な運用方法は誰にとっても同じです。違うのは、どの程度リスク商品を保有するのか、そこに投じる金額だけです。

4 お金の人生設計

今の収入は、現在の生活を支える糧ですが、同時に、将来の自分を支える資金でもあります。人生の中でどう貯蓄をしていくかを考えるのはとても重要です。ぜひ、みなさんも人生を通してお金の流れを俯瞰し資産形成をしていく「お金の人生設計」について考えましょう。

まずは、どのくらい貯蓄をしていくべきか、「必要貯蓄率」を求めます。「人生設計の基本公式」を使えば、誰でも簡単に求めることができます。

「人生設計の基本公式」とは、ひと言でいえば老後（通常65歳）に「現役時代の何割の生活水準で暮らすか」を決め、それを実現するために、今後ライフイベントごとに必要な支出を加味しながら、今、「手取り年収の何割を貯めるべきか」（＝必要貯蓄率）を計算するものです。

まだ若いのに老後？　と思われるかもしれませんが、今後、子供の教育費など、人生に必要な様々な支出をまかないながら、最終的には、多くの人が長い老後を迎えます。貯蓄には長い時間の蓄積が必要です。今の収入の一部を計画的に貯蓄していくことでしか方法はありません。言い換えれば、必要貯蓄額をコツコツと積み上げていくことで、多くの人生のお金の問題は解

図表7-3　人生設計の基本公式

（万円）

$$\text{必要貯蓄率\%}\ (s) = \frac{\text{老後生活費率}(x) \times \text{平均手取り年収}(Y) - \text{年金額}(P) - \dfrac{\text{現在資産額}(A)}{\text{老後年数}(b)}}{\left(\dfrac{\text{現役年数}(a)}{\text{老後年数}(b)} + \text{老後生活費率}(x)\right) \times \text{平均手取り年収}(Y)}$$

必要貯蓄率 × 現在の手取り年収 ÷ 12ヶ月 ＝ 毎月の必要貯蓄額
（　　　%）×（　　　　　　円）÷ 12ヶ月 ＝（　　　　　円）

老後の生活費は毎月（　　　　　円）

決します。

さて、先のCさんもそうでしたが、読者のみなさんのなかにも、今後、住宅購入費用や子供の教育費が必要な方も多いでしょう。Cさんは教育費を貯めるために、「米ドル建て養老保険」と「学資保険」に加入しましたが、この「商品の間違い」のほかにもうひとつ間違いがあります。それは、貯蓄をするのに、目的を設定してしまったことです。

「教育費のために」「老後のために」など目的別にお金を色分けする必要はありません。お金の人生設計（人生の中でどう貯蓄をしていくか）を考えた時、すぐに「商品」を選ぶことで、多くの間違いが生じます。商品を買うことで不安を解消しようとするから、資産形成にふさわしいとはいえない商品を買ってしまうことになるのです。目的別に「お金を色分けする発想」をやめるべきでしょう。

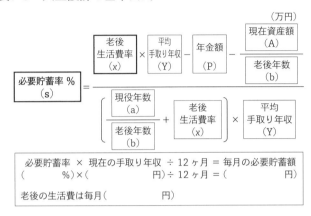

もうひとつ、「ゴールベース資産管理」という手法が重宝がられています。自分の思い描く人生のゴール（夢や目標）を決め、その実現に向けて運用プランを立てるというものです。人生相談をして、金融商品も勧めてもらえるわけですね。

しかし、効率的なお金の貯め方は、今あなたが何歳だろうと、どんな夢や目標があろうと、同じです。あなたの悩みに応じて特別な方法があるなどということはないのです。このゴールベースの考え方は、セールストークのひとつだと考えて、注意してください。つまり、正しい資産形成の方法は、決めた貯蓄額を淡々と毎月積み上げていくことです。お金が必要になればそこから取り崩せばいいのです。そう考えると、お金の置き場所としては、①自由に出し入れができる「流動性」があること、②当分使う必要はないけれど3年後、5年後には必要になるので元本の減らない「安全性」があること、③少しずつ増やしていける「収益性」があること――の3つをバランスよく考える必要があることがわかります。

次の章で具体的に説明しますが、「お金の人生設計」は5つのステップで考えるととてもシンプルです。

最初のステップは、先に述べた「人生設計の基本公式」を使って、「必要貯蓄率」を求め、月々どのくらい貯蓄をしなければならないかを明確にします。

2つめは、前述した3つの「流動性」「安全性」「収益性」を考えて、「お金の置き場所」を作ります。

3つめは、自分がどのくらいリスクを取れるのかを考えます。このリスクとは、日常生活でいう「危険」という意味ではありません。お金の世界でいうリスクとは不確実性のことです。値段が上がることも下がることも「リスク」といいます。言い換えれば、株式など価格が上がったり下がったりする資産を、自分はどのくらい保有できるのかを考えます。

4つめのステップでは、なるべくリスクを小さくするために、株式などリスクのある商品の組み合わせを考えます。

最後のステップでは、何を買うのか、「商品」を決めます。

この5ステップを経れば、誰でも自分のお金の人生設計をスタートすることができますし、自分で管理していくことができます。今の収入は、今の自分の生活と将来の自分の生活を支えるお金です。そこを忘れないように、しっかりと資産形成していきましょう。8章で具体的な方法をお伝えします。

コラム

複利効果

金利を計算する方法には、「複利」と「単利」があります。

元本とそこについた利子を合わせた金額に対して利子が付いていくのが複利で、そうやって得た収益をふたたび投資することで、利息が利息を生んで膨らんでいくことを「複利効果」といいます。

例えば、１００万円の元本を金利５％で複利運用すれば、10年で約１６３万円、20年で約２６５万円、30年では約４３２万円になります。

一方、単利は、利子が出るたびにそれを払い出してしまう手法をとる場合の増え方で、常に元本だけにしか利子が付きません。１年後に得た利息は再投資をしないため、１００万円を金利５％で単利運用した場合、30年後に２５０万円にしかなりません。

複利での運用は投資期間が長ければ長くなるほど、複利効果はより大きく期待できます。また、金利が大きいほど、複利効果も大きくなります。

ただし、借金やコストについても同じです。その場合はマイナスが、まさに雪だるま式に膨らんでいきます。どのくらいの速さで増えていくかが一目瞭然となるものに、「72の法則」

があります。

これは、72を金利で割ることで（72÷金利）、お金が2倍になる期間が計算できるというものです。例えば、カードローンで、金利14％でお金を借りて全く返済しなかった場合、「72÷14＝5・1」となり、約5年で借りたお金が2倍になります。金利18％だと、「72÷18＝4」となり、たった4年で100万円の借金が200万円になります。

お金を増やすのに複利は強い味方ですが、コストも複利で効いてきます。コストに注意しなければ、せっかくの運用益が吹っ飛んでしまうことも知っておきましょう。詳しくは、182ページをお読みください。

5 個人年金保険

「人生100年時代」といわれ、定年を間近にした人ばかりか、若い人でも老後について不安を感じるという人は少なくありません。そんな老後不安を反映してか、公的年金を補完する商品として「個人年金保険」は人気があるようです。そこで、多様化する個人年金保険について整理しておきたいと思います。

個人年金保険には、「個人年金保険」と「変額個人年金保険」があります。すでに事例にも出てきたように円建て、外貨建て、ともにあります。

個人年金保険は、契約時に定めた年齢から決まった年金額（基本年金額）が受け取れるという商品です。一方、変額個人年金保険は、株式や債券を中心に運用し、その運用実績によって年金額が変わります。

年金の受取期間は、生きている限り生涯受け取れる（保証期間付き終身年金）ものや、生死に関係なく一定期間だけ受け取れる（確定年金）ものがあります。

年金の受取開始前に死亡した時は、個人年金保険の場合は一般的に死亡時点での払込保険料相当額が死亡給付金として受け取れます。変額個人年金保険は、死亡日の積立金額が受け取れます。多くの商品で払込保険料総額が最低保証されています（外貨建ての場合は外貨ベースで保証）。

では、個人年金保険と変額個人年金保険の違いについて、さらに詳しく説明していきましょう。

個人年金保険は、一般的に、契約時に定められた利率（予定利率）などをもとに、基本年金額を受け取ります。配当金のあるタイプは年金額が増額されることもあります。決まった年金額を受け取れるように予定利率が保証されていますので、安全性を重視して「一般勘定」（※）で運用されます。一般勘定では、あらかじめ定められた予定利率が保証され、運用のリスクは保

図表7-4　10年確定年金

■モデルケース

30歳男性が基本年金額100万円で契約。60歳まで30年間積み立てて、60歳から10年間年金を受け取る。

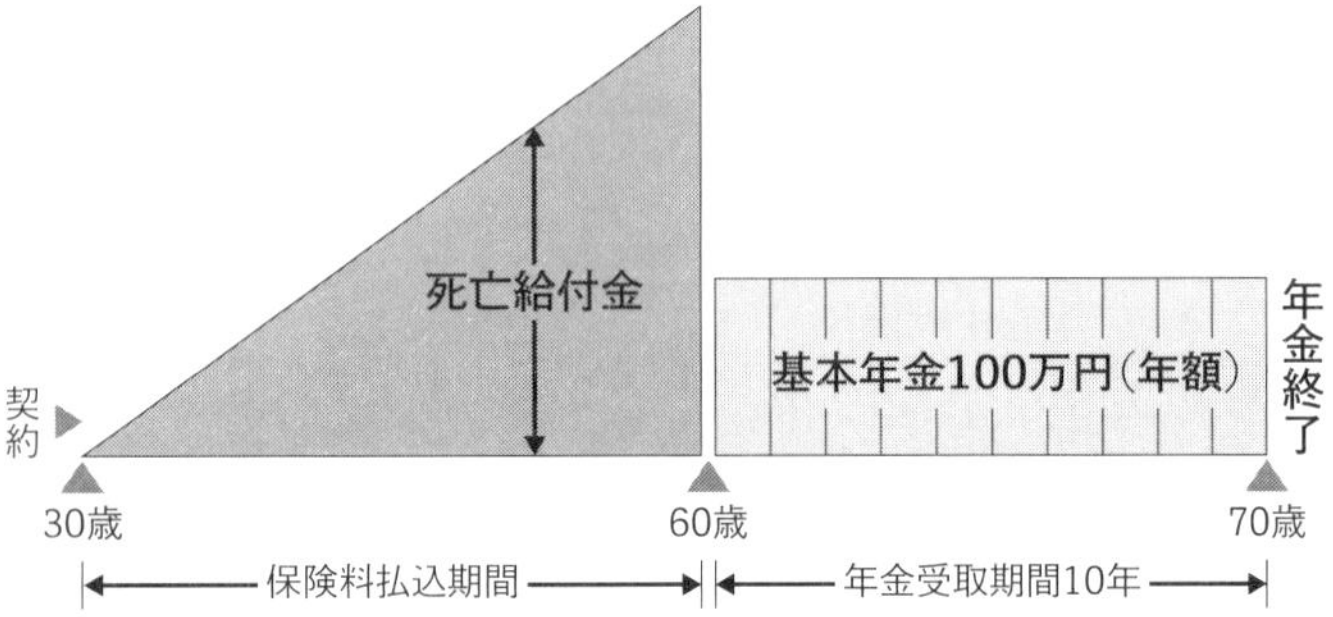

※配当金の無いタイプ

■ある会社の契約例

- 基本年金額100万円
- 60歳から年金受取開始
- 保険料月払（口座振替）

男性

契約年齢	保険料の払込期間	保険料（月額）
25歳	35年	約2.4万円
30歳	30年	約2.7万円
40歳	20年	約4.1万円
50歳	10年	約8.3万円

女性の場合も男性と同程度の保険料水準になる。

出所：生命保険文化センター「ねんきんガイド」（2018年6月）

図表7-5　10年保証期間付終身年金（定額型）

■モデルケース

40歳男性が基本年金額100万円で契約。
60歳まで20年間積み立てて、60歳から一生涯年金を受け取る。

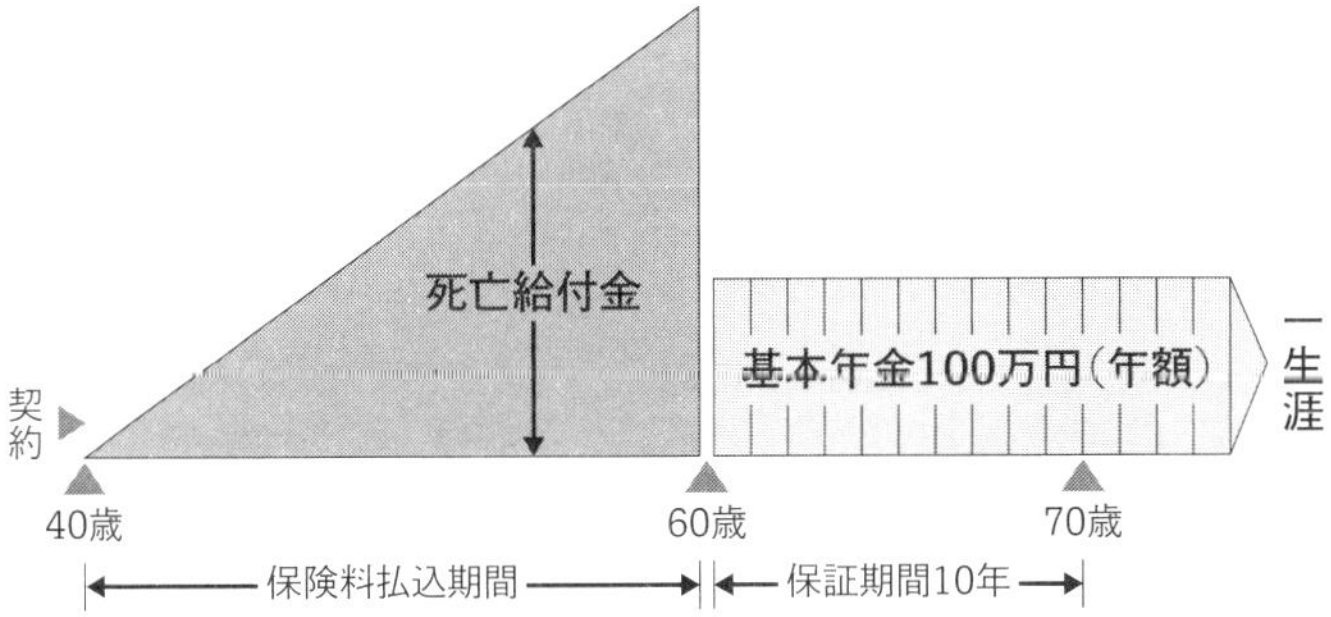

※配当金の無いタイプ

■ある会社の契約例

- 基本年金額100万円　• 60歳から年金受取開始
- 保険料月払（口座振替）

男性

契約年齢	保険料の払込期間	保険料（月額）
25歳	35年	約6.1万円
30歳	30年	約7.1万円
40歳	20年	約10.7万円
45歳	15年	約14.3万円

女性

契約年齢	保険料の払込期間	保険料（月額）
25歳	35年	約7.5万円
30歳	30年	約8.7万円
40歳	20年	約13.2万円
45歳	15年	約17.6万円

出所：図表7-4に同じ

険会社が負います。

※保険会社は、契約者から預かった保険料を「一般勘定」「特別勘定」に分けて管理し、それぞれ資産運用を行っています。支払った保険料がどちらの勘定に入るかは、保険商品のタイプにより異なります。

このうち「予定利率」を保証した（契約者と約束した利率）定額型の保険は、一般勘定で管理運用されます。仮に、運用に失敗したとしても、その責任は保険会社が負うので、契約者に影響はありません。そのため、国債などで慎重に運用しています。死亡保険や養老保険などは一般勘定で運用されています。

一方、変額個人年金保険は、その運用実績によって将来の年金額が決まります。将来の年金原資や年金の受取総額を、一時払い保険料分として、最低保証するものもあります。国内外の株式や債券などで構成される「特別勘定」(※)で運用されます。特別勘定とは、運用実績を直接契約者などに還元することを目的にしていますので、通常の保険契約を扱う一般勘定とは区別して運用される勘定（ファンド）です。投資リスクは契約者などが負います。

※運用次第で契約者へ支払う保険金額が増減する変額年金などは、一般勘定と区別して、「特別勘定」で、一般勘定よりも積極的に運用されます。利益が出れば契約者が受け取る保険金は増えますが、マイナスになると減ってしまう仕組みです。

変額個人年金保険は、運用実績によって将来の年金額が変動しますので、個人年金保険より

図表7-6　個人年金保険と変額個人年金保険の主な違い

	個人年金保険	変額個人年金保険
年金額	一般的に、契約時に定められた利率（予定利率）などをもとに、基本年金額を受け取れます。 配当金により年金額が増額される場合があります（配当金のあるタイプの場合）。 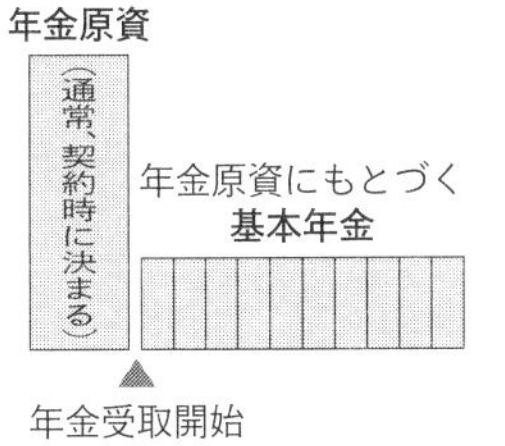	据置期間中の運用実績によって将来の年金額が決まります。 将来の年金原資や年金受取総額について、一時払保険料分などを最低保証するものもあります。 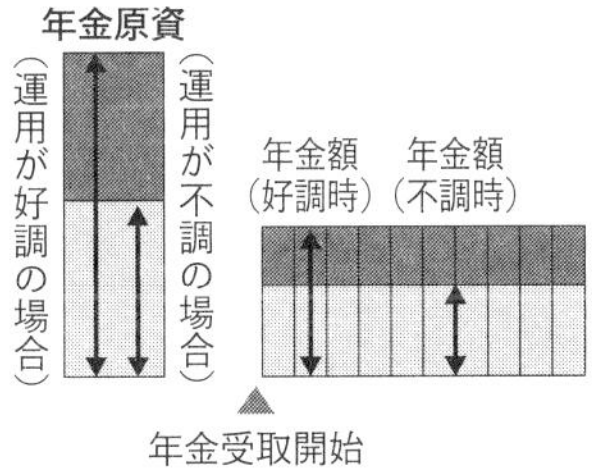
運　用	契約時に定めた予定利率が保証されるよう、安全性を重視して一般勘定で運用されます。	あらかじめ用意されている国内外の株式や債券などから構成されている特別勘定で運用されます。
税　金	一定の条件を満たして税制適格特約を付加すると、保険料が「一般生命保険料控除」とは別枠の「個人年金保険料控除」の対象となります。	「一般生命保険料控除」の対象となります。

出所：生命保険文化センター「ねんきんガイド」

も大きなリターンを期待できる一方、リスクも大きくなります。費用も、保障にかかるものと運用にかかるものの両方が、保険料や積立金額、年金から控除されるため、商品についてしっかり理解する必要があります。

6 トンチン年金保険

長生きするほど有利になる終身型の「トンチン年金保険」という商品があります。最近、終身で年金が受け取れて、長生きすれば元が取れるとして人気の商品です。

簡単に商品について紹介すると、例えばある人が50歳で加入して70歳から年間60万円の年金を受け取る契約であれば、20年間に払う保険料は計1200万円です。その人が、70歳から年間約60万円を受け取るとすれば、90歳まで生きれば受取総額は1200万円となりますので、元を取れるという商品です。

専業主婦のEさん（53歳）のケースでみていきましょう。

Eさんは、53歳から70歳まで毎月4万3873円の保険料を支払うと（合計保険料約895万円）、70歳から年金として年額36万円が終身で受け取れるというトンチン年金保険を勧められました。95歳まで生きれば元を取れます。死亡しても受け取れる先ほどの個人年金とは違い、死亡時の保障はありません。長生きすればするほど得というトンチン年金ですが、安くはない保険料を支払うのですから、「元を取れるかどうか」が加入するかどうかのポイントになります。

Eさんは、保険ショップのアドバイザーに、女性の平均余命（どのくらい生きるか）について説明を受けました。

現在53歳のＥさんが70歳になる頃の平均余命は21・６歳と推計されているので、91・６歳まで生きる計算です。さらに、３人に１人は95・６歳まで、５人に１人は98・３歳まで生きるとされています。

Ｅさんは、「うちは長生きの家系だから検討するのもありかな」とおっしゃっていましたが、まさにその思考こそが盲点になると思います。というのは、長生きリスクをヘッジする商品というコンセプトは正しいと思うのですが、保険商品とした場合、Ｅさんのように長生きすると考える人が加入する傾向があるため、生命保険会社の支払いリスクは高くなり、結果、死亡保険のような一般的な個人保険よりも保険料が高くなる傾向があるからです。

日本経済新聞社の田村正之氏も、「金融商品を考える時に大事なコンセプトの正しさと、実際に商品になった時のお得度は別もの」といっています。

長生きリスクに備えるというコンセプトは正しいものの、大手生命保険会社が割高な手数料を取る仕組みもあり、トンチン年金保険は商品としてはそれほど有利とはいえません。トンチン年金保険を検討する前に、公的年金の繰り下げを優先したほうがよいでしょう。

会社員として働いた期間も長かったＥさんの65歳時点の本来の公的年金の受給見込額は、ねんきん定期便によると約１８０万円です。公的年金の繰り下げ受給を選んだ時、５年間受け取らない年金額の合計は900万円。トンチン年金保険895万円とほぼ同じです。

仮に、繰り下げ受給をした場合、増加する年金受給額は約75・6万円（180万円の42％）になりますので、未受給の年金900万円は、受給開始から11・9年で元が取れることになります。70歳から受給開始すれば81歳時です。

しかももう一点、公的年金には、保険商品では得られない利点があります。それは、インフレが起きた場合、公的年金はある程度それに合わせて増額されるということです。定額保険は受給金額が決まっていますので、トンチン年金保険にも増額はありません。これらを考えても、トンチン年金保険より公的年金の繰り下げを優先するほうが、長い老後を考えると有利だといえるでしょう。

「様々な民間金融商品を選ぶ場合、それに似た仕組みの公的制度――例えば公的年金や公的医療保険、雇用保険などの内容をまず知り、どうしても不足だと思った時だけ民間の商品（通常は公的な仕組みよりも割高で不利）を使うという考え方はとても大切だ」（田村氏）

現在専業主婦のEさんは、夫亡き後の生活が心配ということですので、老後生活費の試算をしてみました（老後生活費の試算の仕方については163ページで紹介）。ご主人が亡くなれば、夫が受け取る老齢厚生年金の4分の3を遺族厚生年金として受け取ることになります。仮に夫が繰り下げ受給をしていたとしても、増額分は反映されないことは注意してください。

通常は、公的年金とそれまでに貯めた資金を取り崩して老後生活費としますので、Eさんも、ご主人のリタイアまでの5年間で、できるだけ貯蓄を増やしておきたいと考えて、トンチン年金保険よりも、「つみたてＮＩＳＡ」を使って、国内外の株式で運用していくことにしました。

コラム

貯蓄性保険を贈与や相続で活用

資産形成には有利とは言い難い貯蓄性保険ですが、贈与や相続で活用できる事例がありますので、ポイントだけお伝えしておきましょう。

まず、生命保険は受取人を指定するので、受取人固有の財産となるという特徴があります。仮に、被相続人に借金があった場合、相続人は、相続の放棄か限定承認を行うことで、被相続人の債務を相続せずにすみますが、生命保険は民法上の相続財産に入らないうえ、債権者は、相続人が受け取った死亡保険金を差し押さえすることができませんので、財産を守ることができます。

また、生命保険は、次のような使い道があります。

□相続税の納税資金や資産分割を目的として利用する

□財産移転を目的として毎年110万円ずつ贈与した場合、それを保険料として生命保険に加入することで浪費を防ぐことができる

□一時相続では、配偶者の税額軽減があるが、二次相続発生した場合は、課税金額が大きくなる場合があるため、二次相続対策として利用する

第8章 老後の設計と合理的な資産形成

1 人に頼らず、自分で資産を管理する

さて、ここからは合理的な資産形成について考えていきたいと思います。これから資産形成を始めようと思っている方にもわかりやすいように、具体的事例とともにみていきます。まずは、これまでコツコツと貯金を続けてきたというケースです。

誰に相談すればいい?

会社員のFさん（女性・45歳）は、親からの遺産も含め、現在、約3000万円の資産があります。資産の内訳は、預貯金2800万円と終身保険200万円です。〝おひとりさま〟で生きる覚悟をしたそうで、定年までの残り15年間でもう少し資産を積み増したいと考えていま

す。

今の金利では預貯金ではお金を増やせないので、投資をしたほうがよいのはわかっているのですが、何となく怖いし、方法がわからないといいます。これまで必死で貯めてきた、老後の生活費である数千万円ものまとまったお金は、どう管理・運用していけばよいのでしょうか。

Fさんのように、金融の知識に乏しいと自負する人は少なくありません。そんな方々が抱いているのは、「誰か信頼できる人や会社に任せられればよいのに」という気持ちかもしれません。でも、問題は、顧客本位で相談に乗ってくれる人や会社をどう探すかです。いえ、そもそも大切なお金の問題解決を誰かに期待するというのは正しいのでしょうか。

Fさんは、インターネットでみつけた2つの無料のマネーセミナーに行きました。その後、それぞれ付随した無料の個別相談を受け、資産運用の提案を受けました。

ひとつは独立系のFPからの提案です。

「このままでは約1250万円の資金が不足するので、退職までの15年間で増やしましょう。つきましては、1250万円の一時払い保険料を支払い、倍の2500万円を目標にする目標値200%の『米ドル建て変額保険』がよいでしょう」といわれました。

もうひとつはIFA（Independent Financial Advisor）会社に属する投資アドバイザーからの提案です。

「現金100％というのは、今後インフレになるとお金が目減りしてしまいます。つきましては、2割を預金に、投資信託で4割、保険で4割という比率にしましょう」といわれ、それぞれ運用商品を進められました。

さて、実はこのエピソードに、個人が資産形成を考えるうえで重要なポイントが含まれています。順にみていきましょう。

老後設計の基本公式

まず、「老後資金が足りるのか不安」という気持ちについてですが、ただ漠然と不安を感じるのではなく、現状を把握することが必要です。いたずらに不安にならないこと、これが最も大切です。次のような方法で現状を考えましょう。使うのは、7章でもご紹介しましたが、「老後設計の基本公式」です。

これは、老後期間全体を通じて平均的にいくら取り崩すことができるのかを出すものです。公的年金を含めた老後生活費の目安を知ることで、老後の生活をイメージするというシンプルな考え方です。簡単に計算できますので、皆さんもぜひやってみてください。

式に使う「自分が受け取れる年金」は、50歳以上の方は、「ねんきん定期便」で知ることができます。今後60歳まで現在の就業状態に変化がなければという前提で、受給見込み額が記さ

図表8-1　老後設計の基本公式

$$\text{取崩可能額}(d)=\frac{\text{保有資産額}(A)-\text{年金額}(p)\times\text{未年金年数}(a)+\text{働く収入}(w)\times\text{働く年数}(b)-\text{最終資産額}(H)}{\text{想定余命年数}(n)}$$

$$\text{年間支出}(y)=\text{年金額}(p)+\text{取崩可能額}(d)\qquad\text{月間支出}(y_M)=\text{年間支出}(y)\div 12$$

れています。

50歳未満の方で、もらえる年金額がわからないという人は、次の式で、おおよその受給額を計算してください。

厚生年金は、税金など控除前の年収800万円未満の場合、「ねんきん定期便の金額 ＋ 60歳になるまでの年数 × 平均年収 × 0・005481」で求められます。基礎年金は、保険料を納める期間が1年増えるごとに約2万円増え、満額（保険料納付済期間が480月〈40年〉で78万900円に改定率（物価や賃金水準の変動を年金額に反映させる率）を乗じた額です（2019年4月以降）。

では、式に入れる数字についてご説明します。

「保有資産額（A）」は、見込みの資産額を入れます。預貯金のほか、退職一時金の見込み額や満期保険金など金融商品、売却可能な不動産も時価で加算できます。

Fさんの場合は、預貯金と終身保険「3000万円」と退職一時金の見込み額500万円の合計で「3500万円」です。

「最終資産額（H）」には、最終的に残したいお金を入れます。例えば、葬儀代や高齢者施設への入居費、遺産の金額などです。

Fさんはシングルですので、最終的には施設に入る可能性もありますが、その時は自宅を売却して当てることにして、とりあえずは、「最終資産額（H）」は、終身保険の「200万円」としました。

退職後は、年金をもらうまで無収入の期間があれば、貯蓄を取り崩して生活することになりますので、自分がもらえる「年金額（p）」×無収入の期間である「未年金年数（a）」を差し引きます。もしこの期間、継続雇用制度で働き続ける、パートなどで収入があれば、「働く収入（w）」×「働く年数（b）」を足します。

Fさんは、年金を65歳から約120万円受給できますが、60歳で仕事をやめるとすれば、この分を貯蓄から取り崩すと考えて、「（p）120万円×（a）5年間＝600万円」とします。しかし、65歳まで継続雇用制度で仕事を続けることにしています。収入は現在より下がり、w＝160万円、b＝5年間で、800万円を足します。このようにして、分子を計算すると、「3500万円」です。

分母のnは取り崩しの期間（「想定余命年数」）です。リタイアする60歳以降95歳まで生きるとしてn＝35年とします。

図表8-2　Fさん（45歳・会社員）の「老後設計の基本公式」

$$100(d)=\frac{3500(A)-120(p)\times 5(a)+160(w)\times 5(b)-200(H)}{35(n)}$$

$$220(y)=120(p)+100(d)\qquad 18.3(y_M)=220(y)\div 12$$

こうして計算すると、「取り崩し可能額（ｄ）」は年間約１００万円となります。

これを下の式のｄに代入し、年金額ｐを入れると、年間に支出できるお金は（ｙ）＝２２０万円となります。右の式に入れて12カ月で割ると、毎月の生活費は18万３０００円とわかります。

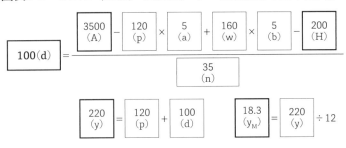

アドバイザーではなく販売員？

総務省の家計調査（２０１７〈平成29〉年平均速報結果）によりますと、高齢単身無職世帯の実収入は11万４０２７円で、消費支出は14万２１９８円です。平均値と比較すれば、Ｆさんは多少の余裕があることがわかります。Ｆさんは、住宅ローンを完済すれば、18万円ほどで生活するのも難しくないといいます。ＦＰに老後資金が１２５０万円足りないと言われ、１２５０万円の「一時払い米ドル建変額保険」を勧められ、覚悟を持って買うべきかどうか悩んでいたそうですが、むしろ大切なのはお金を大きく減らさないことです。これまで本著を読んでいただいた皆さんには、勧められた保険が資産形成にはふさわしくないことはおわかりいただけると思います。

独立系ＦＰやＩＦＡであっても、商品販売を手掛けているとすれば、顧客との利益相反が生じているということを忘れるべきではありません。彼らはアドバイザーではなく販売員だということです。

このＩＦＡは、Ｆさんに、「銀行の窓口販売や証券会社の営業は顧客本位ではなく、ノルマに縛られた営業をしている。しかし、自分たちＩＦＡにはノルマは一切ない。顧客の利益のために有益なアドバイスをし、顧客の資産を増やしていくことがミッションである」と、中立公正であることを力説したそうです。

これをフィデューシャリー・デューティー（以下、ＦＤ）宣言といいますが、これに安心したＦさんは、話を聞くことにしました。

ＩＦＡは、投資経験のない彼女の話をじっくり聞いてくれ、投資についての基本である長期で分散することなどを指南してくれました。すっかり安心したＦさんは、いわれるままに自分の全財産を託そうと考えたそうです。

しかし、次にＩＦＡがとった行動に不信感を持つことになります。「ＩＦＡ口座でしか買えないよい商品がある」といって、個人向け社債の一覧をみせ、ＩＦＡ口座の開設を急かしたのです。さらに、これまでお勧めだと説明を受けてきた投資信託は、ネット証券で直接買えばノーロード（販売手数料ゼロ）のものが、ＩＦＡ口座だと販売手数料が３％になっていたそうです。Ｆさんは、数日後に契約のためＩＦＡに会うという直前に私のところに相談に来られたのでした。

アドバイザーとはどんな人たちなのか

このようなご相談は少なくはありません。一番、間違いを起こしやすいルートは、もしかしたら、このようなアドバイザーを名乗る販売員への運用相談なのかもしれません。Ｆさんのように、無料のセミナーに行ったら個別相談がセットされているケースも多いようです。生命保険会社のライフプランアドバイザー、独立系ファイナンシャルアドバイザーなどの肩書きを持つ人は多くいますので、少し、詳しく述べたいと思います。

ＦＤを求められる職業においては、顧客以外の利害関係者がいないほうがよいという意味で、独立系というのは好ましい立場だと思います。さらに、先のＩＦＡがいう通り、金融機関の営業では顧客本位で働けないと考えてＩＦＡになった人や、実際にＩＦＡとなり、今、顧客の利益のために働いている喜びを実感している人も大勢いるのだと思います。

しかし、なぜこのように、顧客が納得できない、不信感を持つ、ということが起こるのでしょうか。

現在、ＩＦＡは、個人、法人、税理士事務所、ＦＰなど事業母体は様々ですが、収益の面で成功しているのは、元証券マンを集めたＩＦＡ会社のようです。証券会社にいるよりも儲けやすい手数料が設定されている側面もあり、ＩＦＡ自身が顧客を抱え込んだまま独立するというケースも少なくはないといいます。もしかしたら、ＦＤ宣言をしていても、現状では、対面型証券会社の営業に限りなく近いという実情があるのかもしれません。

そこで、プラットフォームプロバイダーとしてＩＦＡサービスを展開しているある証券会社に問い合わせをしたところ、大変丁寧な回答をいただきました。

まず、顧客のためにならない取引を勧めることのない体制を維持するためにＩＦＡに対して教育を行い、顧客との取引もチェックをしているということです。先のＩＦＡの述べた「顧客本位の業務運営」について、異なる点はありませんでした。

ＩＦＡの報酬体系は、顧客からは手数料やサービス料を一切徴収せず、証券会社が、顧客の支払う手数料の一部を業務委託に対する報酬としてＩＦＡに支払うということです。また、顧客の預かり資産残高に一定の率を乗じた額を管理口座料として徴収し、当該管理口座料からＩＦＡへの報酬が支払われる方法もあります。

いずれにしても、契約アドバイザーであるＩＦＡには、顧客に対し、口座開設時にＩＦＡ口座とネット口座の違いについてきちんと説明し、ＩＦＡのアドバイスの対価として正当な報酬を受け取るということを理解、納得してもらったうえで契約をすることを指導しているとのことです。

しかし、前述した相談事例を考えると、本当に顧客本位なのか、自分の利益を図ろうとはしていないのかという疑念は拭えません。販売時に手数料を受け取るコミッションベースの報酬形態、あるいは、管理口座やファンドラップの資産残高に応じたフィーベースの報酬形態に無理はないのかということを今一度考える必要があるのかもしれません。どんなに志を高く持っていたとしても、収入が得られなければ背に腹は変えられないということになってしまうのではないか、手数料収入がより多く得られるものを売りたくはならないのかなどです。

もちろん金融商品を売ることを否定しているわけではありません。ＩＦＡに限らず、保険などを売ってコミッションを得ているＦＰも含め、いかにも中立を謳いながら販売をしているケースが多いように思いますので、今一度、ＦＤとは何かを考え、良心に基づいて、顧客の利益のために最善の行動を取ることを考えるべきなのではないかと申し上げたいのです。

人に頼らず、自分で資産管理をする話を元に戻します。

2つめに重要なポイントは、「人に頼らず、自分で資産管理をする」ということです。そのためには、マネーリテラシーを身につけることと、自分で管理ができるようにシンプルにすることが大切です。Fさんも、先のFPとIFAからの提案は断り、自分で資産運用をしていくことにしました。

今後、インフレになって購買力を減らさないために、株式の投資信託などを使って運用することは大切です。以下では、Fさんのようにこれまで貯金しかしてこなかったという人でも、誰にでもできるシンプルな資産形成の方法をご紹介したいと思います。

2 シンプルで正しいお金の増やし方について

お金の人生設計

まず大切なのは、前章でも述べましたが、今の収入は、現在の生活費と未来の自分の老後を支えるお金だと認識することです。公的年金は心強い制度ではありますが、それだけで老後生活費の全てを賄うのは難しく、多くの人は、リタイアまでに貯めたお金を取り崩して、公的年金だけでは賄えない不足分を補います。老後の生活費が今より大幅に減ると楽観せず、お金がなくなって困ったとならないために、十分計画的に自分で老後の資金を貯めていきましょう。

リスクを取って運用することは大切ですが、しかし、運用で大きく増やすということを前提条件に組み込まずに、必要貯蓄額を計画的に貯めることを考えるのが堅実なやり方です。お金は適切な場所に置いてお金にも働いてもらい、そして健康に留意して、自分もしっかり、なるべく長く働くことです。

では、お金の人生設計を5つのステップで進めていきたいと思います。流れを改めて再掲すると、次のようになります。

1　「人生設計の基本公式」を使って、「必要貯蓄率」を求める。月々どのくらい貯蓄をしなければならないかを明確にする。
2　お金の置き場所を作る。
3　自分のリスク許容度を考える。許容範囲でリスクを取る。
4　資産全体で資産配分（アセットアロケーション）を決める。
5　商品を選択する。

どのくらい貯蓄に回すべきか

1つめのステップである「月々どのくらい貯蓄をしなければならないか」は、人生設計の基本公式から簡単に求めることができます（「岩城みずほ」と検索していただければＨＰに計算サイトがあります。https://www.officebenefit.com)。

いたずらに不安を募らせないためにも、現実の数字を知ることが大切です。つまるところ、お金の問題は自分でなんとかするしかありません。多くの人にとって、計画的に貯蓄をしていくことで人生におけるお金の問題の大半は解決できます。この「貯蓄」とは、銀行の預貯金のことだけではなく、所得のうちから消費せずに残しておくお金で、運用も含みます。

今後資産形成をしていきたいTさんご夫妻の事例と合わせて、具体的に考えていきましょう。Tさんは夫婦共働きで、2歳の子供がいます。ダブルインカムだと、互いに相手の収入も貯金額も知らない「ブラックボックス家計」が多いのですが、2人の収入を合わせて1つの家計とする「ガラス張り家計」のほうが貯蓄のスピードは格段にアップします。Tさんご夫妻もお財布を1つにして「お金の人生設計」を考えていきます。読者の皆さんもぜひ、ご自身について考えてみてください。

まず、ステップ1は、「人生設計の基本公式」を使って、「必要貯蓄率」を求めます。月々どのくらい貯蓄をしなければならないかを明確にします。

「平均手取り収入(Y)」には、現在の手取り年収ではなく、今後、現役時代でもらえそうな手取り年収を考えて記入します。年収から税金や社会保険料を差し引いた自由に使えるお金(可処分所得)が手取り年収です。Tさんご夫妻の家計の今後の平均手取り年収(Y)は

図表8-3　人生設計の基本公式

（万円）

$$\text{必要貯蓄率\%}\ (s) = \frac{\text{老後生活費率}\ (x) \times \text{平均手取り年収}\ (Y) - \text{年金額}\ (P) - \dfrac{\text{現在資産額}\ (A)}{\text{老後年数}\ (b)}}{\left(\dfrac{\text{現役年数}\ (a)}{\text{老後年数}\ (b)} + \text{老後生活費率}\ (x)\right) \times \text{平均手取り年収}\ (Y)}$$

必要貯蓄率 × 現在の手取り年収 ÷ 12ヶ月 ＝ 毎月の必要貯蓄額
（　　　　%）×（　　　　　　円）÷ 12ヶ月 ＝（　　　　　　円）

老後の生活費は毎月（　　　　　　円）

図表8-4　「人生設計の基本公式」の解説

①今後の現役時代の平均の手取り年収（Y）を推定する。
→大まかなイメージでよい

②老後に現役時代の生活費の何倍（x）で生活したいかを決める。
→0.5〜0.7倍くらいが一般的

③年金を推定する。
→20年以上後なら厚生年金（サラリーマン）で現役可処分所得の0.3倍程度
→ねんきん定期便の金額＋60歳になるまでの年数×年収×約0.0055
→基礎年金は1年保険料を納めると2万円増える。

④手持ちの金融資産の合計額（A）を把握する
→子供の学費はマイナスする。一時退職金、個人年金保険、株なども時価で加えて良い。

⑤老後の年数（b）を余裕を持って想定
→95歳くらい迄考えておきたい

⑥現役年数（a）を決める
→現役年数を延ばすと老後年数が縮む

⑦計算してください!

出所：『人生にはお金はいくら必要か』（山崎元氏と共著、東洋経済新報社）

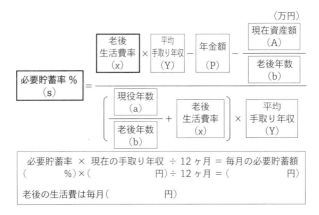

1100万円です。次に、「老後生活比率（x）」を考えます。老後、現役時代の何割程度の生活水準で暮らしたいかですが、住宅ローンが終わり、子供も独立すれば、現在の生活費より少なくなるはずです。総務省の「家計調査」をみると現役時代の7割前後のようです。収入が多い家計は5割くらいまで減らすこともできます。しかし、現役時代に身についた消費行動は、リタイアしたからといって急に変えられるものでもありません。大きく生活レベルを下げて支出を減らせると楽観しないほうがよいでしょう。Tさんは、老後は6割程度になると想定します。

「年金額（P）」には、受給できる年金の見込額を入れます。夫婦の場合は、合算した金額を入れましょう。50歳を過ぎると自分が受け取れる年金については、「ねんきん定期便」で知ることができます。「ねんきん定期便」には、今後60歳まで現在の状況に変化がなければという前提で、受給見込額が記されていますので確認してみてください。

50歳未満の方は、次の方法で大まかな金額を知ることができます。老齢厚生年金は、「ねんきん定期便の金額＋60歳になるまでの年数×平均年収×0.005481」で求められます。老齢基礎年金は、1年保険料を納めると2万円増えます。保険料納付済期間が480月（40年）あれば満額の78万900円×改定率円受け取れます（平成31年度）。終身で受け取れる企業年金もここに加えます。

受給まで20年以上あれば、老齢厚生年金（サラリーマン）は現役時代の可処分所得の0・3倍程度として考えましょう。Yの30％程度としても問題ありません。Tさんは、253万円としました。

「現在資産額（A）」は、手持ちの金融資産の合計額を入れます。預貯金や保険のほか、有価証券や売却可能な土地などは時価で加えます。確定拠出年金や有期の企業年金、退職一時金もここに加算します。一方、子供の学費や住宅の頭金などはここから差し引きます。Tさんは、現在の貯金額は300万円ですが、将来子供の教育費を800万円と想定して、差し引いてマイナス500万円として計算します。

「老後年数（b）」は余裕を持って、95歳くらいまでと考えておきましょう。20代の人は100歳までと余裕を持ちましょう。

「現役年数（a）」は、退職まであと何年あるかを考えます。現役年数を延ばすと老後年数が縮むという関係です。

計算式から求めたTさんの「必要貯蓄率」は、18・87％でした。今後、手取り年収の約19％を貯蓄していけば、老後の生活費は月37万円ほど確保することができます。

Tさんの現在の手取り年収（Yではなく現在の手取り年収）は、夫婦で約850万円ですので、必要貯蓄率をかけると、1年間に貯蓄しなければならない金額は850万円×19％＝約

図表8-5　Tさんのケース

（万円）

$$\underset{(s)}{18.87\%}=\frac{\underset{(x)}{0.6}\times\underset{(Y)}{1100}-\underset{(P)}{253}-\dfrac{\underset{(A)}{-500}}{\underset{(b)}{35}}}{\left(\dfrac{\underset{(a)}{35}}{\underset{(b)}{35}}+\underset{(x)}{0.6}\right)\times\underset{(Y)}{1100}}$$

図表8-6　Tさん（30歳・会社員）、妻（30歳・会社員）の家計

家計の今後の平均手取り年収（Y）1100万円
現在の手取り年収ではなく、残りの現役時代の年数も考え、これからもらえそうな手取り年収の合算額を考えて記入します。

老後生活比率（x）0.6倍
老後、現役時代の何割程度の生活水準で暮らしたいかを設定します。老後は、住宅ローンが終わり、子供も独立するなどすれば、現在の生活費より少なくなります。Tさんは、老後は6割程度になると想定します。

年金額（P）253万円
夫婦合算した金額。ねんきん定期便より（今の条件で60歳まで働き続けた場合）

現在資産額（A）−500万円
現在の貯金額は300万円ですが、将来教育費を800万円と想定して、差し引いて−500万円として計算

老後年数（b）35年
60歳から95歳まで生きると想定した年数

現役年数（a）35年
65歳まで働くことを予定しているので35年

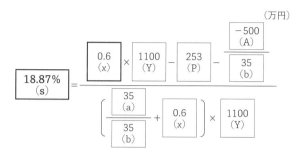

162万円と求められます。これを12カ月で割ると、毎月の必要貯蓄額は13万5000円とわかります。今後、年収が上がれば、それに伴って貯蓄額も上がります。また、大きな支出があれば、「現在貯蓄額（A）」から差し引き、必要貯蓄率の計算をし直してください。逆に大きなお金が入ってきた場合も同じです。運用で増えたお金や減ったお金も反映します。Tさんは老後生活費に余裕がありますので「老後生活比率（X）」をもっと下げても構いません。そうすれば必要貯蓄率も下がり現役時代に余裕をもつことができます。このように夫婦共働きで厚生年金被保険者であれば、年金を多く見込むことができます。長く働くことは大切です。

皆さんの「必要貯蓄率」はいくらになりましたか。必要貯蓄率が高すぎてとても無理！と思われた方もいらっしゃるかもしれません。そういう場合は、働く期間を延ばす（現役年数が短くなる）、「老後生活費率（X）」を下げるなどして計算をし直してみてください。また、退職一時金がもらえる人は、「現在貯蓄額（A）」に加えてみてください。専業主婦の方やパートの方は、収入を増やすことを考えてみてください。例えば、手取り130万円で今後10年間働く場合は、1300万円を「現在貯蓄額（A）」に加えます。夫婦共に正社員となれば、Yが増えるだけでなく、「年金（P）」も増やすことができます。

また、貯蓄が難しい場合は、「家計の見直し」をしましょう。家計の見直しは、投資を考える前に、返すべき借金はないかを含め、考えるべきことです。支出を抑えるのには固定費の見直しをすることが効率的です。保険とスマホ料金などの通信費をぜひ見直してみましょう。7章でも触れましたが、もしもの時に備える死亡保険は、ネット生保など保険料の安い定期保険で必要最低限にしましょう。怪我や病気になった時の医療費の支払いに備える医療保険は、社会保険制度の内容を確認して、本当に必要なのかを検討しましょう。定年を迎えた方々が、十分な貯蓄があるのにも関わらず、病気になったら心配だからと、新たに重複して医療保険に加入し、結局、「保険料の支払いがしんどくなった」と相談に来られるケースも少なくありません。年齢を重ねると病気が心配というお気持ちはわかりますが、医療保険を充実させたからといって病気にかからないわけではありませんので、高齢になってから保険料の割高な医療保険に新たに加入するのはやめたほうがよいと思います。支払い事由に該当しないと支払われない保険より、何にでも自由に使えるお金のほうが安心です。

お金の置き場所を作る

ステップ2は、「流動性」「安全性」「収益性」を考えて、「お金の置き場所」を作ります。

まず、必要な時にいつでも出し入れできるのは、銀行の普通預金です。急な出費に備えて生活を守るための資金として生活費の半年~1年分は、いつでも出し入れできるように、「流動性」を重視して、普通預金に入れておきましょう。

お給料が払い込まれる普通口座のほかにもうひとつ、「貯蓄専用」の普通口座を作りましょう。毎月の必要貯蓄額はまずここに入れます。

近い将来必要になるお金は、元本割れをしないように、「安全性」を重視して定期預金や個人向け国債変動金利型10年満期「変動10」で持つとよいでしょう。例えば、数年先に必要な子供の大学進学資金などです。この時、普通預金、定期預金は、1金融機関1預金者あたり1000万円までとします。金融機関が破綻した場合、ペイオフによって保護の対象となっているのが、1金融機関1預金者あたり元本1000万円までとその利息だからです。

「変動10」とは、政府によって買い付け保証のついた個人向けに限定して販売されている国債です。銀行、証券会社、ゆうちょ銀行などで、最低購入価格1万円から買うことができます。「変動10」は、満期まで10年で、その間、金利が半年ごとに見直される仕組みです（その時の10年固定利付国債の実勢金利×0・66）。最低金利は0・05％が保障されています。発行から1年経てば、直前2回分のペナルティ（※）を支払うと途中換金できるので、実質的には元本割れしません。①国債なので、銀行よりも安全であること、②固定利付きの長期国債と異なり、金利が上昇しても元本割れしないこと、③0・05％の利回りが銀行の定期預金や、長期国債利回りよりも高いこと――など3つのメリットがあります。

※ペナルティ：直前2回分の各税引前利子相当額×0・79685

財務省ＨＰ（https://www.mof.go.jp/jgbs/individual/kojinmuke/index.html）

当面使う予定のないお金は、「収益性」を目指して、投資信託や株式などで運用します。その時、①個人型確定拠出年金制度（ｉＤｅＣｏ＝イデコ）を優先的に、②一般ＮＩＳＡ、つみたてＮＩＳＡ、③ネット証券などの課税口座、の順番で適切に選択します。

イデコとＮＩＳＡまたはつみたてＮＩＳＡを併用するのは、家計を考えるうえで合理的です。イデコは原則60歳までお金を引き出すことができませんが、ＮＩＳＡ、つみたてＮＩＳＡは途中で引き出すことも可能です。イデコやＮＩＳＡなどの専用口座は、銀行でも証券会社でも開設できますが、選ぶ時は、商品のラインアップを確認して、国内外の株式や債券といった基本的商品が低コストでそろっているところにしましょう。口座管理手数料のかかるイデコは、手数料が安いところを探しましょう。ネット証券であれば、余計な金融商品を勧められることもなく、商品ラインアップが多く、手数料も安いのでお勧めです。ネット証券大手のサイトを見比べて使いやすそうなところを選ぶとよいでしょう。

イデコは普通口座から自動引き落としができますが、つみたてＮＩＳＡで運用する資金は、普通預金口座から証券口座に移す必要があります。ネットバンキングの手続きも合わせてしておくとよいでしょう。個人向け国債変動10年型もネット証券で買うことができます。

資産運用は、どこで運用するかで大きな差がつきます。投資をするにはコストがかかるから

図表8-7　投信のコストで増え方はどれくらい変わる？
100万円を投資、年4％で運用できた場合

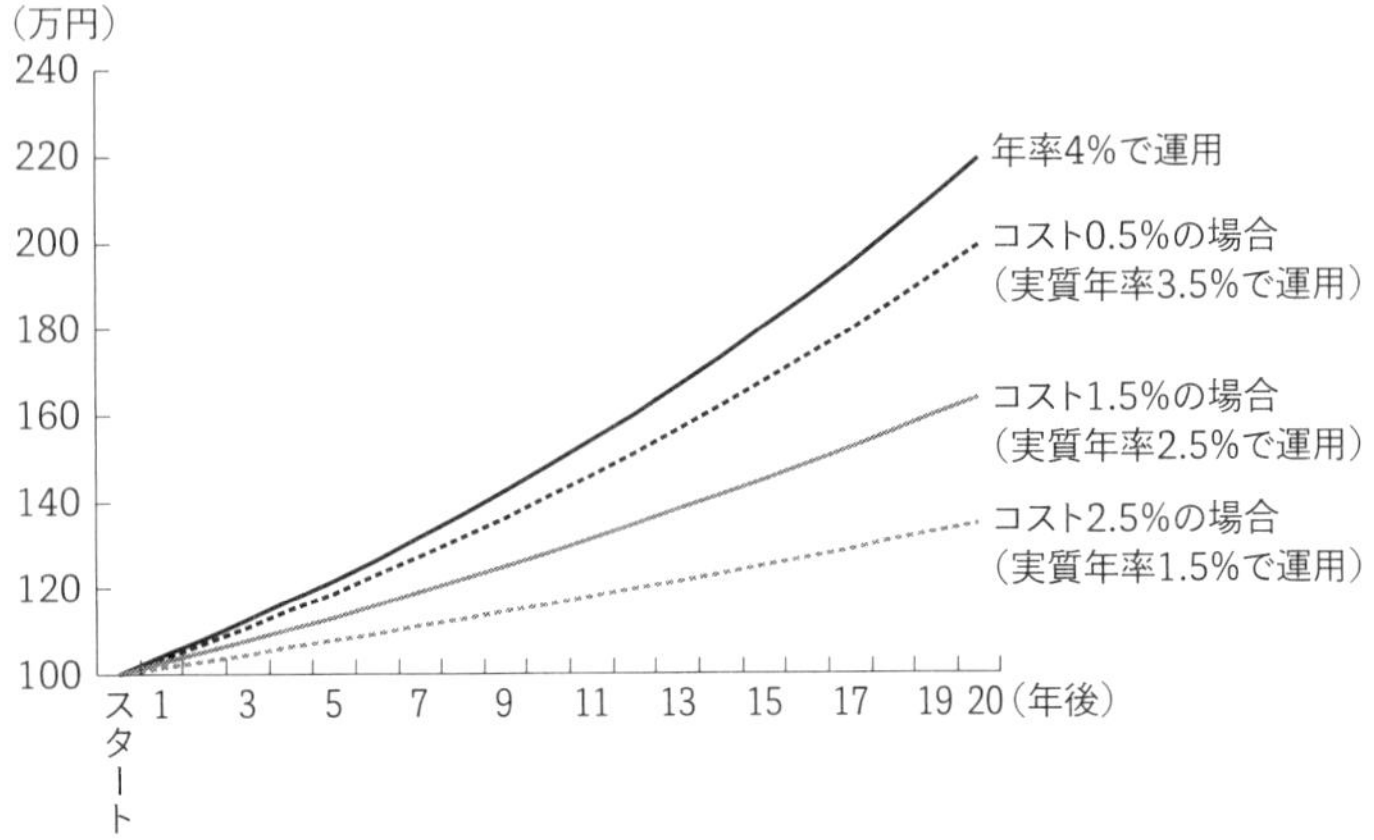

出所：筆者作成

です。コストは、もちろん自分の資産から支払われるものですので、同じリターンなら、コストが低いほうが実質利回りは高くなります。コストが小さいほど資産の増え方が複利効果で大きくなりますので、図表８－７のように、長期では大きな差がつきます。

皆さんがこれから利用する確定拠出年金制度やＮＩＳＡ、つみたてＮＩＳＡで使う金融商品は、投資信託（ファンド）です。投資信託とは、投資家から集めたお金をひとつの大きな資金としてまとめ、運用のプロであるファンドマネージャーが株式や債券などに投資・運用し、その運用の成果として生まれた利益を投資家に還元するというものです。

例えば、日本株式の投資信託なら、大きな袋に、トヨタ自動車やＮＴＴ、ファーストリテイリングなど日本の企業の株式が入っているイメージです。たくさんの企業がパッケージされていますから、もし、そのなかの１社の業績が悪くて株価が下がっても、全体でみればあまり影響がないという分散投資ができます。もし、１つの銘柄だけに投資していた場合、企業倒産や株価が値下がりすると大きな損失を被る可能性がありますが、投資信託なら複数の銘柄に資金を分けて投資をしているので、値下がりなどの様々なリスクを分散、軽減することができます。また、それぞれの企業の株を買うのはある程度まとまったお金を必要としますが、投資信託は少額から投資が可能です。

投資信託は、国内外の株価指数や株式、不動産、債券などを使って様々な商品を作ることができますので、個人では買いにくい発展途上国の株式や債券などを投資対象とした商品も多くあります。そして、投資信託は、運用に関わる金融機関がもし破綻したとしても資金が守られます。

このように便利な投資信託ですが、以下の３つのコストがかかります。

①販売買付手数料：投資信託を購入する際に必要な手数料。かからないものもあります。販売買付手数料のかからないものを「ノーロード」といいます。

②運用管理費用（信託報酬）：投資信託の運用にかかる費用で、ファンドを保有している間、

ファンドの信託財産から毎日、365分の1ずつ差し引かれています。
③信託財産留保額：投資信託を信託期間の途中で換金する際の証券売却にかかる費用です。受益者間の不公平をなくすことを目的にしていて、ファンドを解約した人が負担します。繰り返しますがコストが小さいほど、資産の増え方が複利効果で大きくなるのでコストは小さいほどよいでしょう。
2018年1月からスタートした、「つみたてNISA」は、金融庁が、投資対象を長期・積立・分散投資に適したコストの安い投資信託に絞り込んでいますので、商品を選ぶときの参考にしてください。

どのくらいリスクを取れるのか
ステップ3は、自分がどのくらいリスクを取れるのかを考えます。イデコやNISA、つみたてNISAでいくら運用していくか＝リスク資産をいくら持つかを考えます。
「1年後に最大で3分の1損するかもしれないが、同じくらいの確率で4割くらい儲かることがあり、平均的にはリスクを取らない資産よりも年率5％くらい利回りがいい運用対象」とすると、皆さんならどのくらいの金額を持ちたいと思いますか？「360」という数字を使って考えてみます。

65歳でリタイアするとして、95歳まで生きるとすれば、30年間あります。月にすると360カ月です。その間は、公的年金とそれまでに貯めたお金を取り崩して使います。もし、マーケットが悪くて運用がうまくいかず、360万円お金が減っていれば、老後毎月使えるお金が1万円減るということです。

Tさんのケースで考えると、老後生活費が37万円から36万円になる可能性があります。このリスクが受け入れられるなら、国内外のインデックスファンドを組み合わせて1080万円までを持つことができます。

老後資金が最悪の場合に月2万円くらい減ってもやっていけるということなら投資金額は倍の2160万円まで増やせることになります。逆に老後資金の目減りは5000円程度に抑えたいなら投資に充てるのは540万円となります。

Tさんのように夫婦共働きで、比較的老後生活費に余裕がある場合は、リスクを多めに取れることになりますが、老後生活に余裕がない人は、リスクを取りすぎるのは禁物です。NISAやイデコの税制優遇の枠をいっぱいに使うことより、自分がどのくらいリスクを取れるのか、ぜひ、金額で考えてください。とりあえずは毎月1万円ずつからスタートするというのでももちろん構いません。

運用に使うインデックスファンドというのは、日経225やTOPIXなどの指標に合わせて動くように運用されている投資信託のことです。くわしくはコラムをお読みください。

日本株式のインデックスファンドと、日本以外の先進国の株式インデックスファンドを4対6くらいの割合で持つとすると、「1年後に最悪で3分の1損をする可能性がありますが、それと同じくらいの可能性で4割儲かることがあり、平均的に年率5％くらいのリターンが期待できる」と考えます（『そこ、ハッキリ答えてください！「お金」の考え方このままでいいのか心配です。』（山崎元氏と共著、日本経済新聞出版社より）。

コラム

インデックスファンドとは

インデックスファンドとは、各指標（インデックス）に連動する運用成果を目指す投資信託です。指標には、日本株式は、日経平均、ＴＯＰＩＸ（東証株価指数）、海外株式は、ＭＳＣＩコクサイ、国内債券はＮＯＭＵＲＡ－ＢＰＩ指数、海外債券はシティグループの世界国債インデックス（ＷＧＢＩ）が一般的です。

インデックスファンドの銘柄構成は指標とほぼ同じで、指標とほとんど同じ値動きをすることを目指します。例えば、ＴＯＰＩＸは、東証市場第一部に上場するすべての日本企業の銘柄を対象としていますが、このＴＯＰＩＸが３％上昇すれば、ＴＯＰＩＸ連動のインデックスファンドも３％上がり、下がれば同じように下がります。

対して、「アクティブファンド」というものがあります。これは、指標を上回ることを目指す銘柄を絞り込んで運用しているものです。プロのファンドマネージャーによって運用されますが、指標を上回ることも下回ることもあります。インデックスファンドと違って、人件費や調査費用、売買コストなど運用にお金がかかることから、良い成績を長期間出し続けるのは難しいのが実情です。

図表8-8　運用スタイル（インデックス運用とアクティブ運用）

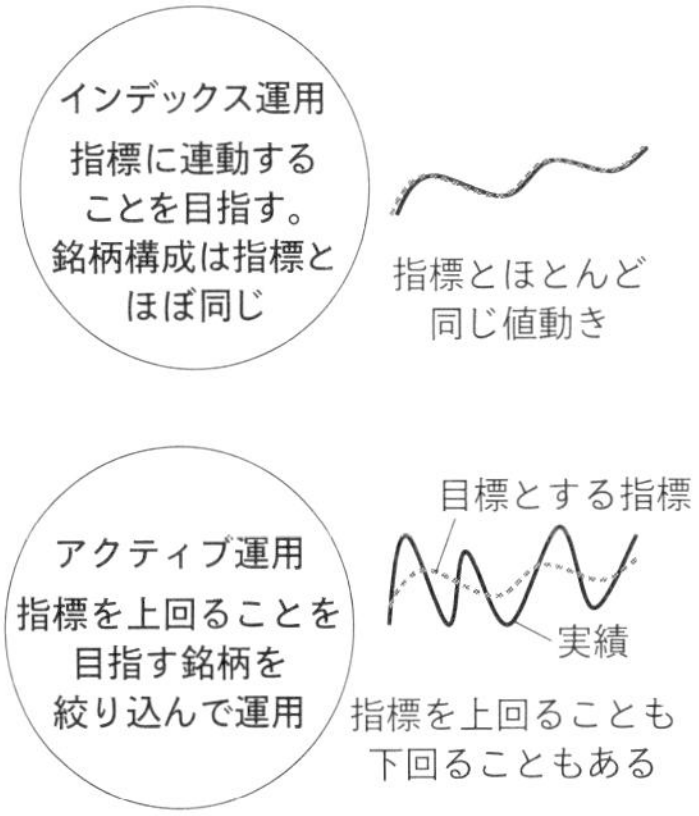

出所：筆者作成

Tさんは、会社員ですので、イデコの掛け金の上限は2万3000円です。つみたてNISAは年間40万円まで投資ができますので、月にすると3万3333円です。

仮に、Tさんが上限まで使うとすると、現在の毎月の必要貯蓄額は、13万5000円ですので、リスク商品に5万6000円投資をして、残りの7万9000円は普通預金に積み上げていくことになります。イデコの税制優遇を最大限に使いたいなら、夫婦それぞれ上限まで活用することもできます。ただし、60歳まで引き出せないので注意してください。

30歳のTさんは、年間67万2000円を投資していきます。途中で、掛け金を減らすこともできますし（イデコは年に1度）、つみたてNISAは、800万円の枠を全部使い切らなくてもかまいません。途中でどうしてもお金が必要になればつみたてNISAは売却可能です。しかし、長期投資が基本ですので、そうならないように当分使う必要のないお金を投資に充てましょう。

具体的にはステップ2で紹介した3つの「お金の置き場所」を次のように考えてください。自分の資産全体を図表8－9のように分けます。今後のライフイベントを考え、家の頭金や大学の費用など数年後に使うことが決まっているお金は、流動性、安全性を重視して「無リスク資産」とします。これらの口座に資金が積み上がっていないのに、必要貯蓄額のほとんどを投資してしまっては困ります。バランスよく配分して積み上げていきましょう。

図表8-9　個人の運用の基本構造

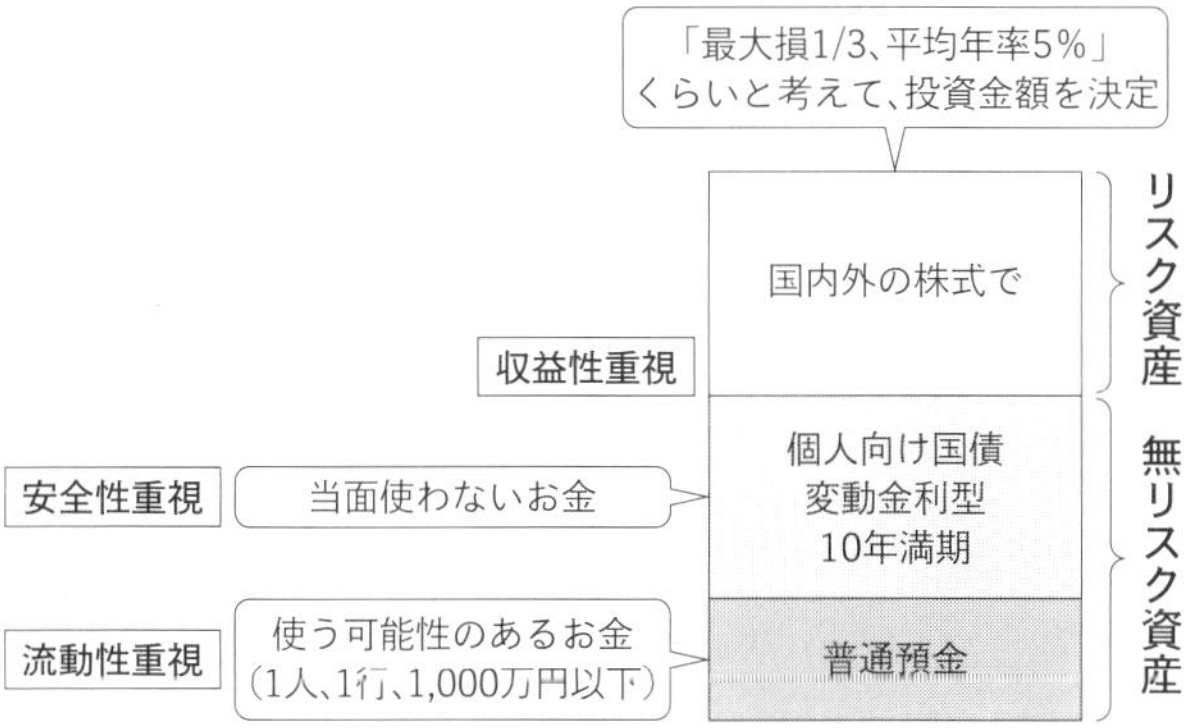

「リスク資産」は金額で考えます。リスク資産を全く持たないというのも心配です。資産運用がなぜ必要なのかといえば、将来、インフレーションでモノの値段が上がれば、同じ1000円で買えるものが少なくなり、実質的にお金が減ることになるからです。モノを買う力を減らさないために、お金にも働いてもらう必要があるのです。

資産配分（アセットアロケーション）を決める

ステップ4は、どんな資産にいくら配分するか考えます。「アセット・アロケーション（資産配分）」を決めるという言い方をします。

投資の基本的な考え方として、分散投資をするとリスクが軽減するとされています。1つの資産だけに投資をするよりも、値動きの異なる複数の資産に分散投資を行うことで、価格の変動が小さくなり、リスクを

図表8-10　分散投資の効果のイメージ

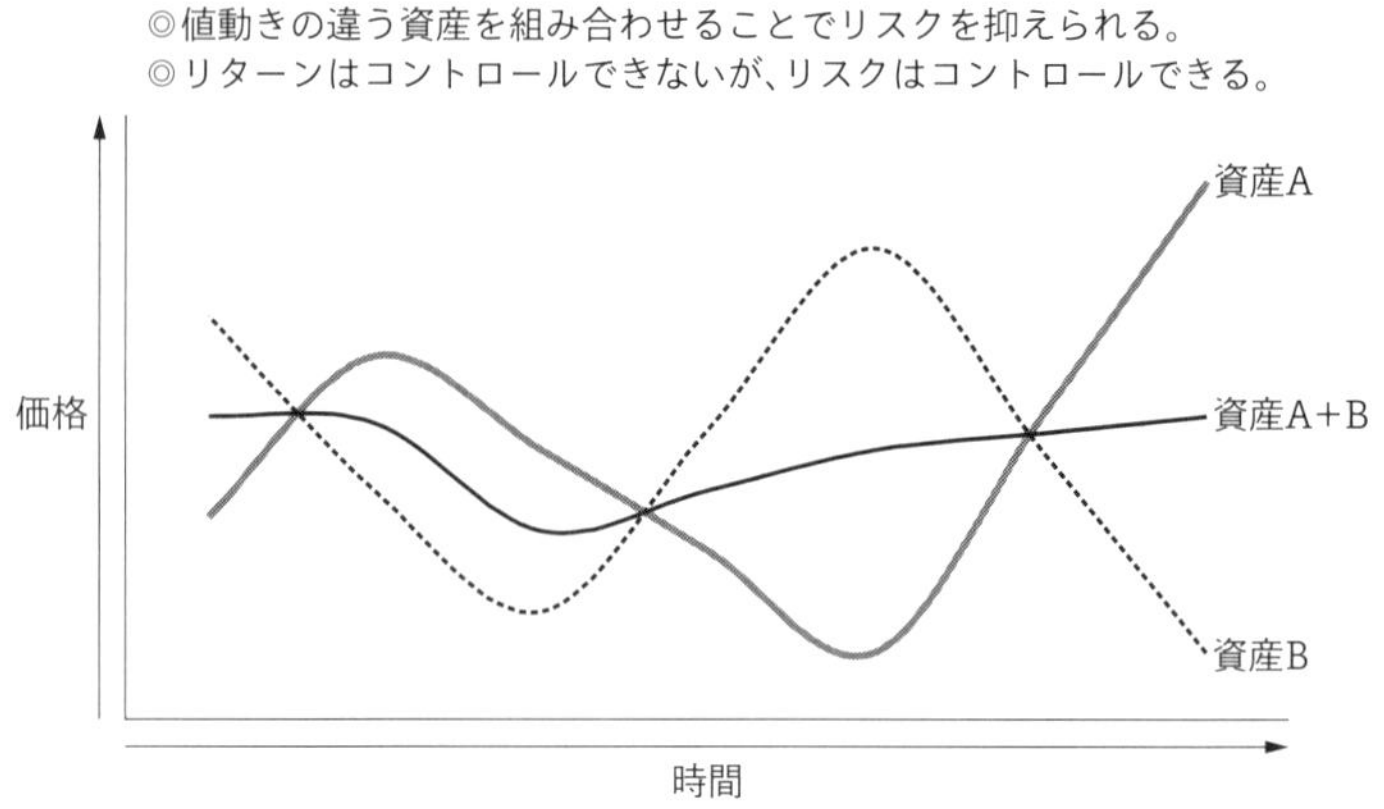

◎値動きの違う資産を組み合わせることでリスクを抑えられる。
◎リターンはコントロールできないが、リスクはコントロールできる。

出所：筆者作成

軽減することが期待できるというものです。

22ページに登場いただいたAさん（52歳・会社員）は、これまで運用をしたことがありませんでした。私は、Aさんに、「貯金はしっかり積み上がっているので、これから少しずつ株式を積み立てていきましょう」と伝えました。Aさんは、年間120万円投資ができる一般NISAを利用することにしました。NISAの投資可能期間は2023年までで、最大600万円まで投資をすることができます。また、イデコでは上限の月2万3000円、年間27万6000円を運用できます。今後15年間でイデコで414万円、NISAと合わせて「リスク資産」は約1000万円です。Aさんは、先の「360で考える」からこれらの枠をいっぱいに使うことができそうだと考えました。そこで、ＮＩＳＡで「外国株式インデックスファンド」を、イデコでＴＯＰＩＸに連動する「日本株インデックスファンド」を積立投資していくことにしました。「お金の置き場所（アセットロケーション）」と「資産クラス（アセットアロケーション）」の関係は図表８－11のようになります。

退職一時金の見込額を除いた現在の預貯金は２８００万円です。そのうちの１０００万円を個人向け国債「変動10」で運用し、ＮＩＳＡで今後合計６００万円を投資していきます。イデコは毎月の収入の中から拠出します。リスクを取らない「無リスク資産」は現在、預貯金１２００万円と終身保険を合わせて２４００万円ですが、今後も積み上がっていく予定です。退職一時金も加算していませんので、資産全体に対する「リスク資産」の割合は、実際にはもう少し小さくなります。

もう一度図表８－11をご覧下さい。イデコとＮＩＳＡそれぞれの口座のなかでの分散ではなく、イデコで「ＴＯＰＩＸに連動する日本株インデックスファンド」を、ＮＩＳＡで「外国株式インデックスファンド」をというように、口座で分散しています。「リスク資産」は株式だけです。どれだけリスクを取れるのかを金額で考えていますので、「非課税口座では値動きの大きい株式を持つ」ことで、「非課税投資枠で配当金や譲渡益に課税されない」というメリットを最大限に活かすことができます。

図表8-11　お金の置き場所と資産クラス

アセットアロケーション（資産クラス）

アセットロケーション（お金の置き場所）

	外国株式	国内株式	無リスク資産	
課税口座			預貯金	1200万円
			終身保険	200万円
			個人向け国債変動10年型	1000万円
NISA	外国株式インデックスファンド 600万円			
個人型確定出年金 iDeCo		TOPIXに連動する日本株インデックスファンド 400万円		
合計	600万円	400万円	2400万円	

出所：筆者作成

先に述べた、値動きの違う資産を組み合わせる、つまり、株価と債券を組み合わせるメリットは、景気が悪くなれば株価は下がるけど、債券価格は上がるという補完関係が働くということですが、これから投資を始める人にとって、「債券7割、株式3割、大きく値動きがあったときにはリバランスをして……」というのはなかなか高いハードルです。また将来、インフレ率が上がって、金融政策が正常化した時には、債券の金利が大きく上がる可能性もあります（債券価格は低下）。

運用方法についていろいろな考え方がありますが、私はこのような方法をご案内しています。今は、ゼロ金利ですから預金も債券も同じことですし、いつの日か、債券が預金に対して合理的なリスクプレミアム（追加的なリターン）を取れるようになったらその時は、預金の利回りアップ戦略として債券を持つことを勧めることはあると思います。

外債については、これまでみてきたように為替リスクがあります。為替リスクを取ってでも持ちたい期待リターンであるかということを考えなければなりません。円安になった時（円の価値が下がった時）に資産の一部で海外資産を持っておいたほうがよいですが、その時は、外国株も値上がりするでしょうし、日本株も円安になると値上がりするということになっていますので、円安への備えは国内外の株式でリスクを取っておけばよいのではないかと思います。

また、個人向け国債「変動10」は、元本割れしないで利回りもまあまあついてくるので、長期金利がゼロの状況であっても無難な選択といえると思います。

Aさんの場合、退職金をもらったらその資金の全部または一部で債券ファンドを買って株式と債券のバランスをとるという方法もあります。とりあえず、今はこの考え方でスタートしてはいかがでしょうか。とにかく「シンプルに」です。私は、FPになってからずっと投資教育家でありファイナンシャル・ヒーラー®の岡本和久さんのセミナーや著書で運用について学ばせて頂いています。もちろん、私自身もそのように運用をしています。特別な知識も手間もいらず誰でも簡単にできて続けられる資産運用方法が一番だと思います。詳しくは是非岡本先生の最新作『お金と心―200パーセントのしあわせ持ちになれるシンプルな生き方』（知玄舎）

をお読み下さい。

もうひとつ、積立投資のメリットである時間の分散についてもお伝えしておきます。先に少し触れましたが、「確定拠出年金制度」や「つみたてＮＩＳＡ」などは、毎月決まった日に、決まったファンドを、決まった金額だけ自動的に買い付けていく仕組みですので、自然と時間の分散ができます。価格が高い時には、少ししか買えませんし、価格が安い時にたくさん買えます。長期で投資を続けることで、投資信託の平均取得価格が引き下げられる効果があります。いつ買おうかという、売買のタイミングを計る必要もありません。これは「ドルコスト平均法」といい、長期投資をするうえで有効な手法といわれています。

運用は、大なり小なりリスクを避けられないものですから、毎月決まった金額で決まった商品を買っていく積立投資も、今後、一時的にはマイナスになることもあるでしょう。でも、積立投資なら、投信の価格が安い時にはたくさん買えて保有する口数が増えますので、「安く買えてラッキー！」とのんびり構えていてください。大切なのは途中でやめないことです。とにかく始めたら続けてください。

商品を選択する

最後のステップ５は、商品選択です。

多くの人が、運用を始めようと決めたらまず、「何を買おうか」と考えがちですが、そうではありません。資産形成は、①自分で、②適正リスクを決めて、③最も低コストの商品を選ぶ――という順番になります。節税メリットを最大限に使い、「長期」「分散（資産配分・時間）」「低コスト」で運用していきましょう。

外国株式インデックスファンドなら、先進国株式（MSCIコクサイ）に連動するもの、国内株式インデックスファンドならTOPIXに連動する投信で、コストの安いものを選ぶとよいでしょう。

誰かにとって特別な投資法やよい商品があるわけではありません。先のTさんとAさんの違いは、少しずつお金を投資していくか、ある程度まとまったお金を投資していくかということ、最終的にリスク商品をいくら持つかの違いです。Bさん、Cさんも同じ考え方でOKです。

この5ステップを経れば、誰でも自分のお金の人生設計をスタートすることができますし、自分で管理していくことができます。今の収入は、今の自分の生活と将来の自分の生活を支えるお金です。そこを忘れないように、人任せにせず、しっかりと資産形成していきましょう。

保険のフィデューシャリー・デューティー
167ページで、販売者のフィデューシャリー・デューティー（FD）について触れましたが、2019年1月25日に、私が2011年から続けている勉強会（第33回サムライズ勉強会「人生100年時代の正しい資産形成と保険について考える」（https://somerise.net）で、有識者の方々を招き、保険のFDについて討論会を行いました。本書の締めくくりに、その時の議論を紹介させていただきます。ちなみにこの勉強会は社会貢献の一環で続けているもので、参加費は1000〜2000円という低料金でどなたでも参加いただけますし、金融商品の販売や営業などが一切ない中立公正なことをポリシーとしています。

ご登壇者は、ライフネット生命保険代表取締役社長の森亮介氏、アクサダイレクト生命保険代表取締役社長（当時）の斎藤英明氏、金融庁監督局保険課長の横尾光輔氏、金融庁総合政策局総合政策課金融税制調整官の今井利友氏、経済評論家の山崎元氏、日本経済新聞社編集委員の田村正之氏（当日の席順）で、私がコーディネイターとなりディスカッションを行いました。

議論のテーマのひとつが、「生命保険をフィデューシャリー・デューティーの観点から考える」でした。議論では、「生命保険は、戦後、人が丁寧に販売してきたという歴史があり、相互扶助の精神で培われてきたものだが、時代の推移とともに仕組みが複雑になり、顧客本位ということから乖離してきているのではないか」（森氏）、「貯蓄性商品は複雑で高コストの仕組みがあり、商品自体が顧客本位ではない」（田村氏）、「金融商品を判断する場合、手数料が開示されていないとリターンを判断することができない。顧客に判断するための情報を与えていないというのは金融商品としては全く話にならない」（山崎氏）などという厳しい意見が出ました。

また、「乗合代理店等の保険ショップや比較サイトで、商品を比較して買うということがこの10年で進んだが、約款の開示が進んでいない会社もある。約款は、個人と金融機関が結ぶ契約そのものなので、契約前に確認したというのが消費者側の感覚だがそうなってはいない。そういった面でも、正しい比較がしづらいという実情もある」（森氏）という意見も出ました。

手数料の開示については、「これまで投信の手数料について開示するという法改正が進んできたので、生保に関してもそうするのが好ましい」（山崎氏）という見解がありました。

本著でも、貯蓄性保険の商品性について詳しく述べてきましたが、本来は、保障を目的とした商品であるはずの保険ですが、「外貨建て貯蓄性保険」などは非常に保障が薄く（登壇者からは「薄皮饅頭である」との比喩がありました）、「あくまで保険である」という言及に個人的には疑問を持っています。また、契約者も「保障を目的として買ったのだ」と意識している人は、こと外貨建て保険に関してはほとんどいないと思います。皆、貯蓄性に期待して契約しているのです。

この点に関し、「運用商品として販売されているのであれば、投資サービス自体の内容とリスクをはっきり契約者に理解してもらうことがまず必要」（横尾氏）との指摘があり、現在、金融庁としても販売時点の説明や開示の仕方等を明確にするため取り組みを進めているそうです。

本著でも詳細に述べてきたように、貯蓄性保険は保障のためのコストがかかる分、他の運用商品に比べてパフォーマンスが劣ります。保険は長期契約であるという性質上、解約時のコストも高く、流動性に劣ることも説明した通りです。私たち消費者も、このような特質をしっかり理解したうえで契約することが大切です。

本著で触れていない観点で、生命保険料控除（※）についての指摘もありました。現在、個人にとっては運用目的で投信を買っても控除はできませんが、生命保険を買うと、それがたとえ薄皮饅頭であろうとも控除できます。「保険料控除ができるのでおトク」だとするセールストークも珍しくはないでしょう。

※生命保険料を支払うとそのうちの一定の金額が控除となり、契約者の所得税や住民税の負担が軽減される。個人年金保険料が控除されるのは、「個人年金保険料税制適格特約」を付加した保険の保険料になる。付加していないものや変額個人年金は、一般の生命保険料控除の対象になる。特約部分の保険料は、「一般生命保険料控除」「介護医療保険料控除」の対象になる。配当金が支払われる場合、保険料を一時払いした場合、前納、一括払いした場合などについて詳しくは、生命保険会社に問い合わせを。

いわずもがなですが、租税は富の再分配機能を果たしています。これだけ売れている保険ですから、国全体としてはかなり大きい金額となるはずです。私もこれまで何度も、保険料控除撤廃の議論が上がるたびに業界団体からの大反対を受けて存続に至っているという話を聞いたことがあります。「それでよいのか。税金の話は私たちの話である。もっと関心を持つべきだ」(今井氏)との意見が述べられ、全くその通りだと感じました。

最後に、「生命保険を自分で選ぶというのは、知的、時間的な労力を顧客に強いるが、そのくらいしてもらっていい買い物である。消費者としてしっかり見て自分の理にかなっているかどうか判断すべきであるし、どういう商品を買っているのかということをよく理解する必要がある」(斎藤氏)ということを今一度考えていただきたいと思います。

「顧客の理解と販売の工夫のなかでよいものが残り、そうでないものが淘汰されるという環境を作るのが我々の役目だと思っている」(横尾氏)

生命保険会社、業界には、消費者の判断材料になる資料をぜひご提供いただけることを期待しています。

コラム

個人年金保険の保険料を受け取った場合の税金について

個人年金保険の契約者（保険料負担者）が自分で年金を受け取る場合は、雑所得として所得税、住民税の課税対象になります。

雑所得の金額＝①総収入金額－②必要経費

①総収入金額：基本年金（契約年金）に運用成果などで増額した年金額（増額年金）や年金受取開始後の配当金によって買い増しされる年金（増加年金）を含む

②必要経費＝年金額（基本年金＋増額年金）×払込保険料額／年金の総支給見込額（※）

※「年金の総支給見込額」は年金の種類によって異なる。

個人年金契約に基づく年金は、契約者と年金受取人が同一の場合、年金額からその年金額に対応する払込保険料を控除した残額が25万円以上であれば、その金額の10・21％が所得税として源泉徴収されます。ただし、源泉分離課税とは異なり課税関係が終了するわけではないので、確定申告で精算する必要があります。納税金額はその年の他の所得と合算して計算します。

退職金を年金受け取りにしている場合や公的年金も雑所得となりますので、年金収入が増えると税金や社会保険料の負担が増えることになります。

そこで、年金ではなく一時金として受け取るという選択肢もあります。

満期保険金を一時金で受け取った場合は、以下の式で算出した金額が、課税一時所得となります。

（受取保険金額（配当金を含む）－払込保険料総額－一時払いの特別控除額50万円）×1／2＝課税一時所得

一時所得は、他の所得（給与所得など）と合算されて総合課税されます。住民税の対象にもなります。住民税は、原則として前年の所得をもとに決まる税額が翌年に徴収されます。満期保険金や年金などを受け取ると、翌年の6月から翌々年5月までに納税する額に反映されます。課税所得に対する税率は一律10％です。

おわりに

「人生100年時代」、1人ひとりが安心して心豊かに老後生活を送るためには、健康に気をつけてなるべく長く働き、公的年金について正しい知識を持って少しでも増やすとともに、現役時代のできるだけ早い時期から資産形成に取り組むことが大切です。

この本では、「イデコ」や「NISA」「つみたてNISA」などを上手に利用し、安定的な資産形成をしていくことの重要性もお伝えしました。

広く普及している生命保険商品について、特有のリスクを十分に理解して契約する必要があります。定額個人年金保険などは、超長期の利回りを保証する一方、中途解約時の元本割れは「流動性」の制約になりますし、現在の低金利環境では、低水準の利回りを固定することになります。外貨建ての場合は、利回りの向上を望める反面、為替リスク、金利上昇リスクを有することになります。

また、変額個人年金保険は、運用のコスト、保障のコストがかかるため、自分で同等の効果の得られる低コストの投資信託と掛け捨ての死亡保険を組み合わせた場合と比較すると、トータルリターンは大きく毀損します。

資産形成を目的とするなら、投資信託等の他の金融商品との比較をする必要があるでしょう。

一方、保険会社には、顧客が自分のニーズに合った適切な商品を選択できるように、保険商品の「見える化」にぜひ取り組んでいただきたいと思います。

最後に、本書にご協力くださいました山内恒人さん、田村正之さん、後田亨さん、馬渕治好さん、編集者の小谷雅俊さんに心より感謝申し上げます。

岩城みずほ

【著者紹介】

岩城　みずほ（いわき・みずほ）

ファイナンシャル・プランナー、CFP®認定者。
慶應義塾大学卒。NHK松山放送局、フリーアナウンサーを経て、FP資格を取得。特定の金融商品等に荷担することなく個人の家計相談、セミナーなどを行う。日本経済新聞「家計のギモン」、東洋経済オンライン、毎日新聞「経済プレミア」、マネー現代（講談社）、マネーの達人、WEZZY等で執筆、日経新聞読み方講師などを務める。
著書に『腹黒くないFPが教えるお金の授業』（三笠書房）、『「お金」の考え方　このままでいいのか心配です。』（共著、日本経済新聞出版社）、『人生にお金はいくら必要か』（共著、東洋経済新報社）ほか。

「保険でお金を増やす」はリスクがいっぱい

2019年4月24日　1版1刷

著　者　岩城　みずほ

発行者　金子　豊

発行所　日本経済新聞出版社
https://www.nikkeibook.com/
東京都千代田区大手町1-3-7　〒100-8066
電　話　(03)3270-0251(代)

印刷／製本　三松堂印刷
本文組版　マーリンクレイン
装　幀　夏来　怜

ISBN978-4-532-35810-5